Prof. Dr. med. Ulrich von Gaisberg
Prof. Dr. med. Günther Kieninger
Werner Waldmann

Wirksame Hilfe bei Divertikeln

Wie Ihr Arzt untersucht und behandelt
Alles über Medikamente und Operation
So ernähren Sie sich richtig: viele tolle Rezepte

TRIAS

Leserservice

Wenn Sie Fragen
oder Anregungen zu diesem Buch haben,
schreiben Sie uns an:

TRIAS Verlag
Postfach 30 11 07
D-70451 Stuttgart

oder schicken Sie
eine E-Mail an:

trias.lektorat
@thieme.de

Redaktion: Dr. Karin Deuzer
Korrektur: Karl Beer, Andrew Leslie
DTP: Karolina Stuhec-Meglic
Food-Design: René Schulte
Produktion: WZ Media, Stuttgart
Umschlaggestaltung: CYCLUS · Visuelle Kommunikation, Stuttgart

Druck: Gulde-Druck, Tübingen
Zeichnungen: Katharina Schumacher
Fotos: Digital Stock (S. 48), von Gaisberg (S. 21 (3), 28), Kellogg (Deutschland) GmbH (S. 68, 74, 92, 95), Ketchum (S. 64, 66, 80, 84, 88, 90), McDonald's Deutschland (S. 43), Olympus (S. 25), PhotoAlto (S. 46, 49, 56), Photodisc (S. 45, 53), Werner Waldmann (S. 26, 27, 41 (8), 52, 59, 60, 70, 77, 78),

Die Deutsche Bibliothek – CIP-Einheitsaufnahme
Ein Titeldatensatz für diese Publikation ist bei Der Deutschen Bibliothek erhältlich.

Dieses Buch wurde in der neuen deutschen Rechtschreibung verfasst.

ISBN 3-89373-546-1

Wichtiger Hinweis:
Wie jede Wissenschaft ist die Medizin ständigen Entwicklungen unterworfen. Forschung und klinische Erfahrung erweitern unsere Erkenntnisse, insbesondere was Behandlung und medikamentöse Therapie anbelangt. Soweit in diesem Werk eine Dosierung oder eine Applikation erwähnt wird, darf der Leser zwar darauf vertrauen, dass Autoren, Herausgeber und Verlag große Sorgfalt darauf verwandt haben, dass diese Angabe **dem Wissensstand bei Fertigstellung des Werkes** entspricht.
Für Angaben über Dosierungsanweisungen und Applikationsformen kann vom Verlag jedoch keine Gewähr übernommen werden. **Jeder Benutzer ist angehalten,** durch sorgfältige Prüfung der Beipackzettel der verwendeten Präparate und gegebenenfalls nach Konsultation eines Spezialisten festzustellen, ob die dort gegebene Empfehlung für Dosierungen oder die Beachtung von Kontraindikationen gegenüber der Angabe in diesem Buch abweicht. Eine solche Prüfung ist besonders wichtig bei selten verwendeten Präparaten oder solchen, die neu auf den Markt gebracht worden sind. **Jede Dosierung oder Applikation erfolgt auf eigene Gefahr des Benutzers.** Autoren und Verlag appellieren an jeden Benutzer, ihm etwa auffallende Ungenauigkeiten dem Verlag mitzuteilen.

Prof. Dr. med. Ulrich von Gaisberg
Prof. Dr. med. Günther Kieninger
Werner Waldmann

Wirksame Hilfe bei Divertikeln

Zu diesem Buch

Divertikel sind der häufigste Befund am Dickdarm in den westlichen Ländern. Sie gehören zu den so genannten Zivilisationskrankheiten und werden mit zunehmendem Alter immer häufiger. 20–30 Prozent aller 50–60-Jährigen und über 40 Prozent der über 70-Jährigen leiden an Divertikeln. Man kann so ohne Übertreibung von einer heimlichen Volkskrankheit sprechen – heimlich deshalb, weil die wenigsten Menschen wissen, dass sie überhaupt Dickdarmdivertikel haben.

Divertikel sind sackförmige Ausstülpungen der Darmschleimhaut, meist im unteren Bereich des Dickdarms. Divertikel kommen freilich nicht nur im Darmbereich vor, sondern auch an der Speiseröhre. Die Ursachen sind nicht eindeutig geklärt. Man vermutet aber, dass eine ballaststoffarme Ernährung bei der Entstehung von Divertikeln eine wichtige Rolle spielt, da diese zu einer verzögerten Darmpassage und damit zu einem erhöhten Druck auf die Darmwände führt.

Viele Divertikel verursachen keinerlei Beschwerden. Man entdeckt sie nur bei Routineuntersuchungen – bei einer Röntgenaufnahme des Darms oder einer Darmspiegelung –, die meistens aus ganz anderen Gründen veranlasst worden sind. Ein solcher Zufallsfund macht in der Regel aber keine Behandlung erforderlich, doch es ist für den jeweiligen Patienten gut, dass er von der Existenz seiner Divertikel weiß: Falls er einmal Probleme bekommt, deren Symptome auf Divertikel schließen lassen, nützt dem behandelnden Arzt dieses Wissen. Divertikel können aber auch – man spricht von etwa 20 Prozent aller Divertikelträger – große Probleme bereiten. Die Symptome sind Bauchschmerzen, Verstopfung, Durchfall oder heftige Blähungen. Teilweise kann es auch zu schwerwiegende Komplikationen kommen.

Wir möchten Sie in diesem Ratgeber über alle Gesichtspunkte dieses Themas, über Entstehung, Diagnose und Behandlung von Divertikeln und über mögliche Vorsorgemaßnahmen umfassend informieren.

1. Was sind Divertikel und wie entstehen sie?

Echte und unechte Divertikel

Divertikel sind – zunächst einmal ganz allgemein definiert – etwa erbsen- bis kirschgroße, sackförmige Ausstülpungen in der Wand eines Hohlorgans. Betroffen sind von dieser Erscheinung vor allem die Organe des Verdauungstraktes.

Der Verdauungskanal zieht sich von der Mundöffnung des Menschen bis zur Öffnung des Darms nach außen, dem After. Die Aufgabe des Verdauungskanals ist die Verdauung der Nahrungsmittel und die Aufnahme der Nährstoffe über das Blut in den Organismus, um alle Lebensfunktionen aufrechtzuerhalten. Dieser Kanal ist mit Schleimhaut ausgekleidet, einer Bindegewebsschicht und darüber einer an der freien

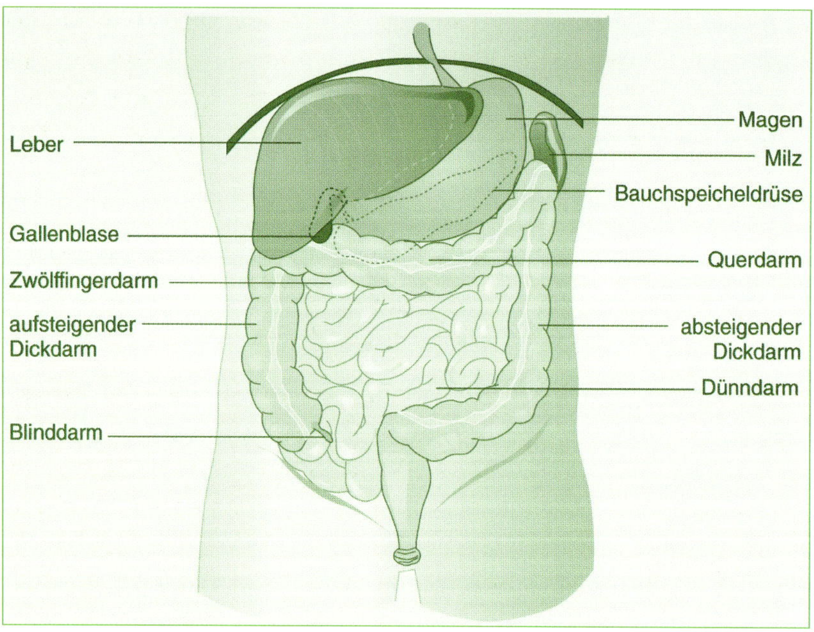

Fläche gelegenen Epithelschicht. In dieser befinden sich Schleimzellen, deren Ausscheidung die Schleimhautfläche glitschig macht, damit alle Nahrungsbestandteile leicht über sie hinwegbewegt werden können. Die Schleimhaut entzieht dem Nahrungsbrei die Nährstoffe und transportiert sie in die mit ihr verbundenen Blutgefäße. Schleimhautzellen liefern auch verschiedene Sekrete, die in den einzelnen Verdauungsphasen benötigt werden.

Die Schleimhaut liegt auf einer Schicht von glatter Muskulatur. Diese sorgt dafür, dass sich die Schleimhaut bewegen kann, um den Nahrungsbrei vorwärts zu treiben.

Lücken in der Ringmuskelschicht der Darmwand gibt es überall dort, wo Blutgefäße zur Schleimhaut führen. Dort kann die Schleimhaut unter bestimmten Bedingungen eine sackartige Ausstülpung bilden, die durch die Lücke der Muskelschicht hindurchdringt. Die Schleimhautausstülpungen können einerseits innerhalb der Darmwand bleiben. Man bezeichnet diesen Zustand als inkomplette Divertikel. Oder sie können sich – nun als komplette Divertikel benannt – auch über die gesamte Darmwand deutlich nach außen hin vorwölben. Normalerweise haben Divertikel einen Durchmesser zwischen ein und zwei Zentimetern. Man kennt aber auch Riesendivertikel, die es bis auf einen Durchmesser von zehn Zentimetern bringen können.

In der Praxis kommen erworbene Divertikel im linken Dickdarm (Colon descendens) und dort besonders im letzten Teil vor, dem Sigma (Colon sigmoideum).

In den Divertikeln sammeln sich zwangsläufig Kotreste an. Da die Divertikel aber mit keiner Muskelschicht unterlegt sind, die durch ihre Kontraktion den Inhalt wieder aus der Aussackung hinausdrücken könnte, bleiben die Kotreste dort stecken. Dazu kommt, dass das intervallartige Zusammenziehen der Darmmuskulatur den Hals der Divertikel einschnürt, den Kot also noch fester in sie hineinpresst. Im Laufe der Zeit kann es so aufgrund der Schleimhautaussackungen zu winzigen Verletzungen des Gewebes kommen (so genannten Mikroperforationen). Die zuerst nur örtliche Entzündung des Divertikels kann sich so auf eine größere Darmfläche ausweiten.

Im Extremfall kann eine durch den ständigen mechanischen Reiz entzündete Schleimhautaussackung, auch nach außen hin durchbrechen. Dies bedeutet, dass der Inhalt des Darms in die Bauchhöhle gelangt, was schwerwiegende Folgen nach sich zieht, da sich das Bauchfell entzündet und es so zu einer allgemeinen Blutvergiftung kommt.

Wie machen sich Divertikel bemerkbar?

Diese Frage ist leicht zu beantworten: Man merkt eigentlich gar nicht, ob man Divertikel hat, denn Divertikel an sich sind zwar eine Fehlbildung, rufen aber nicht automatisch auch Organfehlfunktionen hervor, die sich als Symptome bemerkbar machen. Die Verdauung funktioniert wie eh und je. Und es ist keine Rede von Unpässlichkeiten oder gar

Entstehung eines Divertikels: Die linke Abbildung zeigt den Querschnitt der Darmwand im Normalzustand. Man erkennt Schleimhaut (Mukosa), die auf der Muskelschicht liegt. Durch eine Muskel- und Gefäßlücke hat sich in der Abbildung rechts die Mukosa ausgestülpt: Ein Divertikel ist entstanden.

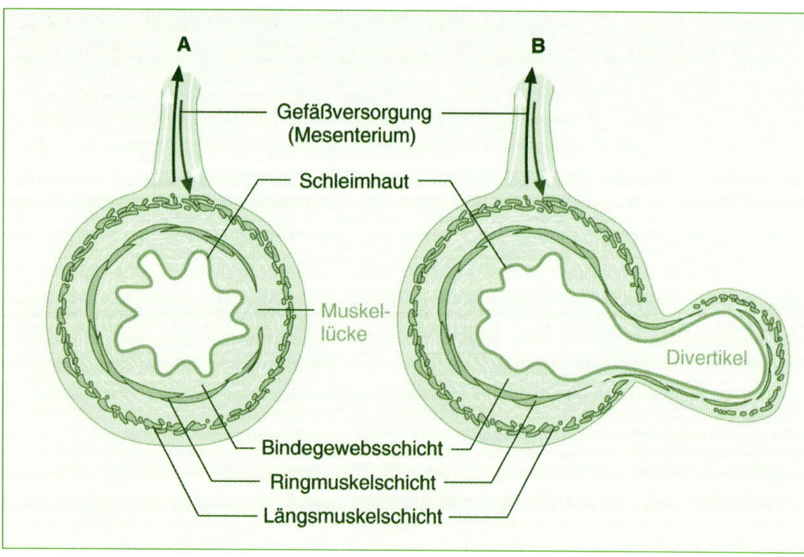

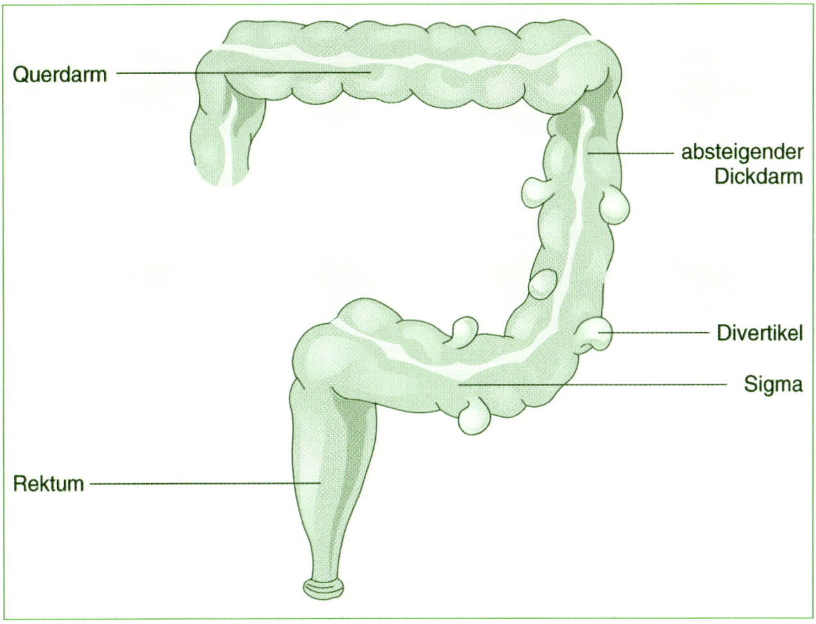

Die Abbildung zeigt den Endteil des Dickdarms mit kleinen Schleimhautausstülpungen, den Divertikeln. In diesem Fall spricht man von kompletten Divertikeln, weil die Ausstülpung durch die Muskelschicht hindurchgeht.

Schmerzen. Und auf diese Weise kann der Betroffene seine Divertikel das restliche Leben mit sich tragen – ohne dass er jemals Probleme damit bekommt. Diese Divertikelträger ohne Beschwerden bleiben natürlich auch der Statistik verborgen.

Erst wenn sich Divertikel entzünden und der Entzündungsprozess um sich greift und größere Bezirke der Darmschleimhaut erfasst, merkt der Betroffene durch unterschiedliche Symptome etwas von dieser Veränderung. Verdauungsstörungen, vielleicht sogar gelegentliche Bauchschmerzen veranlassen einen Arztbesuch. Eine röntgenologische Untersuchung oder eine Darmspiegelung lassen dann aber keinen Zweifel mehr an der möglichen Diagnose: Divertikulitis.

Das Beschwerdebild einer akuten Divertikulitis kann sehr unterschiedlich sein, weil es vom Ausmaß der Erkrankung abhängt. Der Patient fühlt sich allgemein krank, kann an Fieber, Appetitlosigkeit, an Übelkeit und Erbrechen leiden. Meist gibt es erkenntliche Probleme mit der Verdauung. Durchfall wechselt mit Verstopfung. Auffällig ist eine Neigung zu starken Blähungen. Auch Schmerzen im linken Unter- oder Mittelbauch treten auf. Hat sich die Entzündung bis zur Harnblase ausgebreitet, kommt es auch zu Störungen bzw. Schmerzen beim Wasserlassen. Wenn der Arzt den Bauch des Betroffenen abtastet, fühlt er meist schon im linken Unterbauch einen walzenförmigen Widerstand. Das Abtasten des Bauches wird unter Umständen als sehr schmerzhaft empfunden.

Um die Wende zum 19. Jahrhundert kannte man in der medizinischen Praxis die Divertikelkrankheit so gut wie überhaupt nicht. Erst ab dem ersten Drittel des vergangenen Jahrhunderts werden hier und da Divertikel bzw. deren Symptomatik in der medizinischen Fachliteratur erwähnt. Inzwischen ist klar, dass zwischen unserer Lebensweise – und vor allem unseren Ernährungsgewohnheiten – und dem rasanten Anstieg der Divertikelerscheinung ein unmittelbarer Zusammenhang besteht.

Divertikulitis – eine Alterserkrankung?

Offenbar treten Divertikel erst in späteren Lebensabschnitten auf. Die Statistik besagt, dass die Divertikulose in der Gruppe vom Kindesalter bis zum 25. Lebensjahr so gut wie überhaupt nicht vorkommt, in der Gruppe der 30–40-Jährigen immer noch relativ gering ist: Die Häufigkeit beträgt dort weniger als 10 Prozent. Im folgenden Lebensjahrzehnt erhöht sich die Häufigkeitsrate aber immerhin auf 20–35 Prozent. Ab dem 70. Lebensjahr übersteigt sie rasch 40 Prozent. Man schätzt, dass 66 Prozent der über 80-Jährigen Kolondivertikel haben. Dazu kommt, dass mit zunehmendem Alter die Divertikel zahlenmäßig zunehmen und sich auch vergrößern können.

Zwischen Frauen und Männern wurde bislang kein Unterschied in der Anfälligkeit für Divertikel beobachtet. Mit zunehmendem Alter scheinen aber Frauen bevorzugt von Divertikeln befallen zu werden.

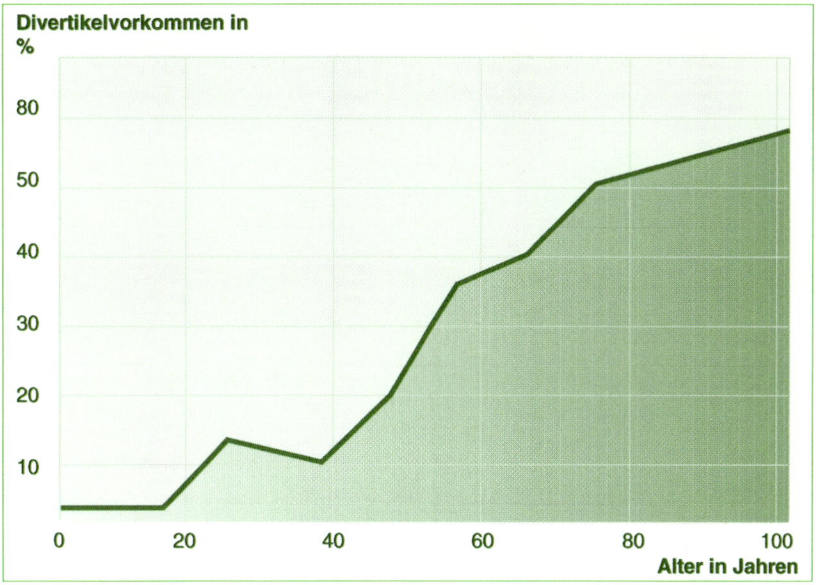

Diese Grafik zeigt sehr anschaulich, dass Divertikel ein Problem des ansteigenden Alters sind. Bis 20 Jahren existiert das Problem so gut wie gar nicht. Ab dem 40. Lebensjahr steigt es aber dramatisch an.

Die Ursache für eine Divertikelbildung scheint in einer „Materialermüdung" der Darmwand zu liegen, die natürlich einerseits verständlicherweise altersbedingt ist. Der Dickdarm wird nämlich arteriell von Gefäßen versorgt, die durch Lücken in der Darmmuskulatur zur Darmschleimhaut führen. Aus dieser potenziellen Schwachstelle wird durch eine spätere Vergrößerung derselben eine Schleimhautausstülpung provoziert. Dazu kommt andererseits aber noch, dass im Alter zwangsläufig die Längsmuskulatur in ihrer Leistungsfähigkeit vermindert wird.

Dass in früheren Jahrzehnten Divertikel selten oder gar nicht manifest waren, lässt sich natürlich auch damit plausibel erklären, dass die Menschen einst in der Regel jünger starben, also erst gar nicht die Altersgrenzen erreichten, in denen der Mensch offenbar verstärkt zur Divertikelbildung neigt.

Kurz und bündig

Divertikel sind angeborene oder auch im Laufe des Lebens erworbene Fehlbildungen, genauer gesagt: umschriebene Ausstülpungen der Schleimhaut durch Lücken in der Muskelschicht von Hohlorganen, die hauptsächlich im Verdauungstrakt vorkommen. Man findet Divertikel an der Speiseröhre, dem Dünndarm und – besonders häufig – im Dickdarm. Sie treten manchmal aber auch in der Gallenblase oder Harnblase auf.

Die Divertikelkrankheit – eine moderne Erkrankung?

Eine leidige Tatsache heute ist, dass wir unserem Körper mit der täglichen Nahrung kaum noch Ballaststoffe zuführen. Die Nahrung wurde in den vergangenen Jahrzehnten industriell immer weiter verfeinert und faserreiche Nahrungsbestandteile systematisch eliminiert.

Eine Statistik besagt, dass beispielsweise unsere Vorfahren vor 100 Jahren doppelt so viel an Ballaststoffen zu sich nahmen wie wir heute. Das ist keine nur so aus der Luft gegriffene Annahme, wissenschaftliche Studien haben diesen Verdacht längst erhärtet. In Europa, Nordamerika und Australien gelten Divertikel als die häufigste krankhafte Veränderung des Darms. Eine Studie errechnete für die USA allein rund 30 Millionen Divertikelträger!

In den Ländern der Dritten Welt dagegen, in denen sich die Menschen immer noch traditionell faserreich ernähren, sind Divertikel immer noch kein gesundheitliches Problem. Wenn aber der „Segen“ unserer Zivilisation auch in diesen Ländern vordringt und dort unsere Ernährungsweise langsam populär wird, treten auch dort vermehrt Fälle mit krankhaften Divertikeln auf. Was eine ballaststoffreiche Ernährung mit der Vermeidung von Divertikeln zu tun hat, liegt auf der Hand.

Ballast- oder Faserstoffe sind neben den drei großen Stoffgruppen Kohlenhydraten, Fetten und Eiweißen (die der Körper zum Leben benötigt) unverdauliche pflanzliche Nahrungsbestandteile. Das hört sich nach etwas Überflüssigem an, doch diese Ballaststoffe (z. B. Zellulose) sind alles andere als nutzlos! Sie sind für eine funktionierende Verdauung unerlässlich. Sie füllen den Darm und halten damit die Verdauung überhaupt in Gang. Ballaststoffe quellen unter Einwirkung von Wasser im Darm auf und halten den Stuhl weich und geschmeidig. Außerdem haben Sie noch einen ganz anderen nützlichen Effekt: Weil ballaststoffreicher Stuhl rascher durch den Darm befördert wird, also die so genannte intestinale Transitzeit erheblich verkürzt ist, können die in ihm enthaltenen Gift- und Schadstoffe nur kurz auf die Darmwände einwirken, und so gelangt von diesen unerwünschten Substanzen des Kots auch weniger über das Blut in den Körper.

Ballaststoffe erhöhen aber auch das Gewicht des Stuhls. Dies hat zur Folge, dass der Darm „richtig" gefüllt ist, also die Darmwand kräftig gedehnt – und gleichzeitig der Gasdruck im Darm wesentlich verringert wird. Bei ballaststoffarmer Ernährung dagegen entsteht ein höherer Gasdruck im Darm (intraluminaler Druck), der natürlich auf die Schleimhaut wirkt. So kann es leicht passieren, dass besonders an jenen Schwachstellen, den Gefäß-Muskel-Lücken, sich die Darmschleimhaut (Mukosa und Submukosa) ausstülpt. Ein Divertikel ist entstanden. Vorerst verursacht dieser kleine „Organfehler" freilich noch keine Probleme, jedoch ist zumindest eine Schwachstelle vorhanden.

2. Mögliche Komplikationen

Divertikulose

Der medizinische Begriff bezeichnet keine Krankheit, sondern einen Zustand: das Vorkommen von Aussackungen der Darmschleimhaut an Durchtrittsstellen von Gefäßen in der Darmwand. Die Divertikulose ist völlig beschwerdefrei.

Divertikulitis

Als Divertikulitis bezeichnet man die Entzündung der Wand einer solchen Aussackung der Darmschleimhaut. Divertikel müssen keine Probleme bereiten, doch sie können dies manchmal tun. In etwa 20 Prozent aller Fälle wird aus einer Divertikulose eine Divertikulitis.

Wenn sich die Schleimhautaussackung durch die dort zurückgehaltenen Kotreste mit ihren giftigen Inhaltsstoffen, den Bakterien, bzw. durch die mechanischen Reize solcher Kotreste entzündet, werden vormals beschwerdelose Divertikel zu einem Problem. Oft beginnen die Beschwerden mit einer Veränderung der Darmtätigkeit. Hartnäckige Verstopfung wechselt mit unerklärlichen Durchfällen. Ebenso kann der Betroffene an auffallend starken Blähungen leiden. Die Ursache dafür

Wichtig

Auf eine Divertikulitis deuten folgende mögliche Symptome hin

- *Änderungen der Stuhlgewohnheiten (Verstopfung, Durchfall)*
- *Völlegefühl, Übelkeit, Brechreiz, Erbrechen*
- *Blasenentleerungsstörungen*
- *Fieber*
- *Blutungen aus dem After*
- *Ziehende bzw. kolikartige Schmerzen im linken Unterbauch*
- *Tenesmen (schmerzhafter Stuhldrang bei geringer oder fehlender Entleerung)*

ist primär nicht in den Divertikel zu sehen, sondern im Vorliegen eines Reizkolons (Colon spasticum). Die Gründe dafür sind vielfältig. Im Vordergrund steht wohl eine Störung der Darmbewegung (Motilitätsstörung). Die Schmerzen können nach kurzer Zeit wieder verschwinden, aber auch mehrere Tage andauern. Stuhlentleerung und Abgang der Darmgase führen oft rasch zu einer Erleichterung.

Der Arzt teilt die Divertikelkrankheit in vier Stadien ein. Im 1. Stadium bereiten die Divertikel in Zusammenhang mit einem Reizkolon gelegentlich Bauchschmerzen und Verdauungsbeschwerden. Im Stadium 2 hat sich das Vorhandensein von Divertikeln dergestalt krankhaft verschärft, als dass die Schleimhautausstülpungen entzündet sind. Das Stadium 3 bezeichnet eine Ausbreitung der Entzündung auf die unmittelbare Nachbarschaft. Der Arzt spricht dann von einer Peridivertikulitis. Der Entzündungsprozess kann sich aber weiter ausdehnen und größere Darmsegmente erfassen (Stadium 4). Dieser Zustand wird als Perikolitis bezeichnet.

Divertikelperforation

Bei einer Entzündung entsteht Eiter und die Schleimhautschicht wird verletzlicher, dünner, kann perforieren. Dies bedeutet, dass sich Eiter und Darminhalt in den Bauchraum ergießen können. Das Bauchfell reagiert sehr empfindlich auf eingedrungene Keime und diese Situation mobilisiert sämtliche Abwehrkräfte des Immunsystems. Der Patient leidet oft sehr plötzlich unter ernsten allgemeinen Gesundheitsstörungen wie hohes Fieber, heftige Bauchschmerzen, Kreislaufproblemen. Es besteht akute Lebensgefahr und nur eine Notoperation kann das Leben des Betroffenen retten. Eine solche „freie“ Perforation mit einem Erguss in die Bauchhöhle ist aber relativ selten und kommt vor allem bei Patienten vor, die zwar Divertikel haben, jedoch noch nie zuvor unter einer Divertikelentzündung litten. Es ist ein Ereignis aus heiterem Himmel.

Man kennt weiter noch den Begriff der „gedeckten“ Divertikelperforation, bei der es „nur“ zu einer lokalen Bauchfellentzündung kommt, wobei man aber kein Leck im Darm findet, durch das der Darminhalt

Info

Die klinischen Stadien der Divertikelkrankheit

1. Stadium: Divertikulose mit funktionellen Beschwerden (Reizdarm)
2. Stadium: Akute oder sich wiederholende Divertikulitis (Entzündung der Divertikel)
3. Stadium: Peridivertikulitis (Ausbreitung des Entzündungsherdes auf die unmittelbare Nachbarschaft)
4. Stadium: Perikolitis (weitere Ausdehnung der Entzündung)

eingedrungen ist. Das große Netz hat diesen Bereich abgedeckt. Diese Art der „Perforation“ kann in Zusammenhang mit der Bildung eines Abszesses oder einer Fistel stehen.

Fistelbildung

Entzündete Divertikel können aber auch langsamer und heimtückischer reagieren. Durch eine Ansammlung des Eiters in Darmnähe, kann sich die Entzündung zwischen einzelnen Darmteilen oder zu anderen Hohlorganen im Bauchraum hin ausweiten. So kann beispielsweise plötzlich ein Gang zwischen Darm und Blase (Urogenitaltrakt) entstehen, über den sich die Entzündung weiterschleppt. Man nennt dies eine Fistelbildung. Durch die Verbindung zwischen Darm und Urogenitaltrakt kann es sogar so weit kommen, dass mit dem Harn Stuhlbestandteile und Darmgase entweichen. Genauso kann sich eine Fistel zu allen anderen Bauchorganen hin ausbilden, selbst bis zur Hautoberfläche kann eine solche Verbindung gehen. Auch in diesem Fall merkt der Betroffene, dass mit ihm etwas nicht stimmt. Er leidet unter Bauchschmerzen und spürt die allgemeinen Symptome der schweren Infektionserkrankung.

Darmverschluss

Wer unter einer chronischen Divertikelentzündung leidet, kann Gefahr laufen, dass sich der Durchmesser des Darms infolge vieler Narben von immer wieder abgeheilten Entzündungen derart verkleinert, dass mit einem Mal – der Mediziner spricht von einer Stenose, also einer Verengung – der Darminhalt nur noch schwer oder plötzlich auch einmal gar nicht mehr weitertransportiert werden kann. Durch gesteigerte Bewegung versucht der Darm nun, den gestauten Speisebrei weiterzubefördern. Wenn dies nicht gelingt, hört die Darmbewegung gänzlich auf. Man spricht dann von einer Darmlähmung. Es kommt zum Darmverschluss (Ileus). Die Symptome deuten auf eine schwere Erkrankung: Verstopfung, Erbrechen (in dem sich unter Umständen auch Darminhalt befinden kann), Kreislaufkollaps. Eine rasche Operation zur Behebung des Darmverschlusses ist unausweichlich.

Divertikelblutung

Eine Divertikelblutung ist meist ein Ereignis, das ohne Vorwarnung einsetzt. Wer unter einer Divertikulose leidet, bekommt erfahrungsgemäß sehr selten eine Divertikelblutung. Dies passiert zumeist bei Betroffenen, die zwar Dickdarmdivertikel besitzen, bei denen diese sich aber noch nie durch Beschwerden bemerkbar gemacht haben. Dies aber ist dabei das größte Problem, weil auch der Arzt, der mit der Blutung als Notfall konfrontiert ist, deren Ursache nicht kennt. Für eine perianale Blutung aus dem After kommen noch andere Ursachen als eine Divertikulose in Betracht, lädierte Hämorrhoidalgefäße etwa oder ein Tumor. Das Kuriose an den Umständen ist, dass in der Regel jene Patienten eine besonders starke Blutung zeigen, deren Divertikel an sich bislang unkompliziert sind.

Generell können blutende Divertikel im ganzen Dickdarm liegen, meistens aber sind sie im aufsteigenden Dickdarm (Colon ascendens) und im unteren Dickdarmbereich (Sigma) angesiedelt.

Eine besonders starke Blutung geht auf das Platzen kleiner Arterien am Rand eines Divertikels zurück. Je nach Art der Gefäßläsion kann das Blut regelmäßig und stark abgehen oder in unregelmäßigen Schüben. Tröstlich ist aber die Erfahrung, dass die Blutung in fast 80 Prozent aller Fälle von selbst wieder aufhört. Der Rest bedarf einer Behandlung.

3. Diagnoseverfahren

Solange Divertikel keine Beschwerden machen, bleibt es dem Zufall überlassen, dass sie entdeckt werden. Da sie beispielsweise keine Schmerzen verursachen, kommt der Arzt auch bei einer Untersuchung des Abdomens (Unterleibs) nicht auf die Idee, an Divertikel zu denken. So ist es eher wahrscheinlich, dass sie erst gar nicht entdeckt werden, es sei denn, der Patient ließe sich einer röntgenologischen Vorsorgeuntersuchung des Darms unterziehen. Röntgenuntersuchungen gehören aber ebenso wenig wie die noch aufwendigere Darmspiegelung zur Vorsorge-Diagnose. Meistens leiden die Patienten an eher diffusen Bauch- oder Verdauungsbeschwerden oder sie haben Blut im Stuhl, was eine aufwendigere Inspektion angeraten erscheinen lässt. Oft spielt auch die Befürchtung, an Darmkrebs erkrankt zu sein, die auslösende Rolle, sich zumindest einmal röntgen zu lassen.

Röntgenuntersuchung

Zur unerlässlichen Vorbereitung auf die Untersuchung wird der Patient gebeten, durch Einnahme eines stark wirkenden Abführmittels am Tag zuvor und Verzicht auf feste Nahrung bis zu zwei Tagen den Darm zu reinigen.

Unter Röntgenkontrolle wird dem Patienten am Tag der Untersuchung dann auf einem in alle Richtungen beweglichen Tisch im Röntgenraum ein bariumhaltiges Kontrastmittel in den Dickdarm gespritzt. Damit dieses Mittel sich im ganzen Darm gleichmäßig verteilen kann, wird mit Druckluft nachgeholfen und dabei die Lage des Patienten ständig korrigiert, also der Kopf zeitweilig etwas tiefer gelegt oder der Körper zur Seite gedreht. Der Dickdarm muss bis zum Blinddarm mit Kontrastmittel gefüllt werden, weil sich Hohlorgane – wie beispielsweise der Darm – röntgenologisch sonst nicht deutlich genug darstellen lassen. Sobald der Darm ausreichend mit Kontrastmittel gefüllt ist, wird die erste Aufnahme gemacht. Falls Divertikel vorliegen, kann man diese bereits jetzt deutlich erkennen.

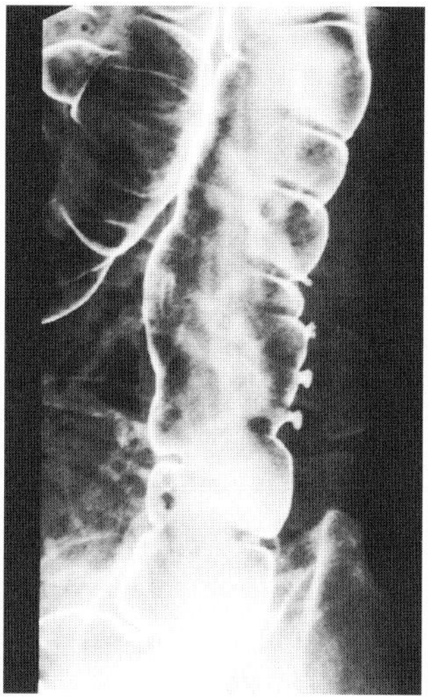

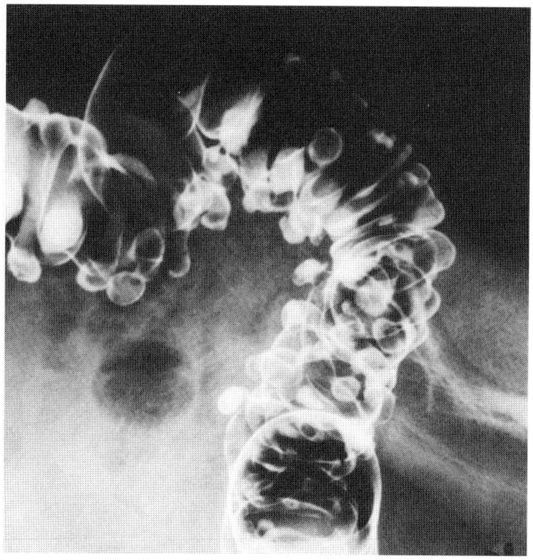

Im oberen linken Röntgenbild erkennt man eine beginnende Divertikulose. Oben recht ist eine typische Sigmadivertikulose zu sehen. Im Bild unten haben sich die Divertikel über den gesamten Dickdarm ausgebreitet (Kolondivertikulose).

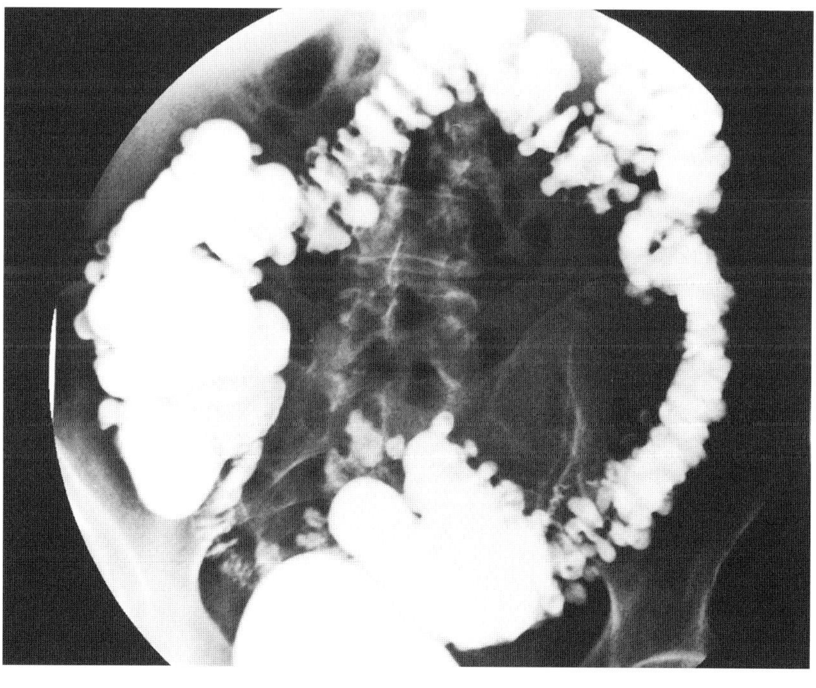

In der nächsten Untersuchungsphase wird das Kontrastmittel wieder langsam aus dem Darm entfernt und am Schluss eine so genannte Doppelkontrastaufnahme gemacht: Das Kontrastmittel bleibt in den Aussackungen der Divertikel zurück und stellt diese besonders eindrucksvoll dar. Manchmal erhält der Patient während der Untersuchung auch eine Injektion, ein krampflösendes Mittel, in die Vene, um die Darmbewegung (Peristaltik) für die Dauer der Untersuchung zu verringern oder auszuschalten. Freilich darf nicht in jedem Fall geröntgt werden! Falls die körperliche Untersuchung des Patienten, seine Schilderung der Beschwerden und eventuell die Ergebnisse der Blutuntersuchung den Verdacht auf eine Entzündung der Divertikel ergeben haben, unterbleibt die Röntgenuntersuchung. Das in den Darm eingebrachte Kontrastmittel könnte eine Perforation der Divertikel in den Bauchraum provozieren. Vor einer Röntgenuntersuchung muss eine Divertikulitis zuerst traditionell ausgeheilt werden. Röntgenologisch lässt sich auch eine Fistelbildung darstellen.

Angiographie

Um blutende Divertikel zu lokalisieren, wird manchmal eine Angiographie, eine spezielle Röntgentechnik, eingesetzt. Dazu wird dem Patienten ein Kontrastmittel in die Blutbahn gespritzt, das die Gefäße des Darms auf dem Röntgenbild darstellt.

Das Kontrastmittel wird über einen Katheter in eine Arterie eingeführt (Oberschenkelarterie an der Leiste, Oberarmarterie am Ellbogen oder Halsschlagader). Dazu wird zuerst eine Hohlnadel durch die Haut in die Arterie eingeführt. Durch die Hohlnadel wird dann ein langer dünner Führungsdraht mit weicher Spitze in die Ader geführt. Über diesem Führungsdraht schiebt man dann den Kunststoffkatheter im Gefäß vor bis zu der Stelle, wo das Gefäß blutet. Erst jetzt wird das Kontrastmittel gespritzt. Eine Serie schneller Röntgenaufnahmen bzw. eine kontinuierliche Aufzeichnung des ganzen Bewegungsablaufs zeigt nun durch das Kontrastmittel, wo das Gefäß undicht ist. Man kann auf diese Weise genau erkennen, welches Divertikel lädiert ist und die Darmblutung verursacht. Mittels moderner Computertechnik gelingt es, unwichtige

Bildteile wegzulassen und nur das mit Kontrastmittel gefüllte Blutgefäß darzustellen.

Für eine mögliche Notoperation bei einer dramatischen Divertikelblutung erbringt die Angiographie den wichtigen Nachweis, an welcher Stelle des Darms das Leck ist, wo also operiert werden muss. Mit anderen radiologischen Methoden wird versucht, rote Blutkörperchen radioaktiv zu markieren und damit die Blutungsquelle darzustellen.

Die Angiographie bietet aber auch eine weitere, nämlich ein therapeutische Möglichkeit, und zwar über den Katheter Substanzen unmittelbar an den Ort des Defektes zu bringen, die das verletzte Blutgefäß verschließen (embolisieren bzw. okkludieren).

Computertomographie

Die Computertomographie ist ein hochkompliziertes Röntgenverfahren, bei dem der Mensch langsam und in Zentimeterschritten durch eine Röhre geschoben wird. Dabei werden Schichtaufnahmen gemacht: Am Ende liegen also der ganze Körper oder einzelne Körperabschnitte wie Kopf oder Bauch als eine Serie von Einzelbildern vor, die den Querschnitt des jeweiligen Körperabschnitts zeigen. Diese Bilder werden von einem Computer errechnet und auf Film dokumentiert.

Ähnliche Bilder liefert die Kernspintomographie, nur dass bei diesem Verfahren keine Röntgenstrahlen verwendet werden, sondern Magnetfelder. Dies ist für den Patienten sehr viel schonender als die Belastung durch Röntgenstrahlen. Beide Verfahren werden aber nur dann eingesetzt, wenn der Arzt einen begründeten Verdacht auf Divertikel hat und weitere genaue Details über die Erkrankung benötigt. Für Routineuntersuchungen am Anfang wären beide Verfahren zu kostspielig.

Ultraschall

Laien sind oft der Meinung, der Darm ließe sich per Ultraschall kaum oder nur sehr schlecht darstellen. Das war sicher bis in die Achtzigerjahre der Fall. Heute aber ist die Auflösung moderner Ultraschallgeräte derart groß, dass sich die einzelnen Schichten der Darmwand mühelos zeigen lassen.

Damit sich der Darm gut darstellen lässt, bekommt der Patient einen Einlauf von etwa 1,5 Liter Wasser in den Dickdarm, der das Darmvolumen ausfüllt. Besonders gut lassen sich entzündliche Prozesse (z. B. Morbus Crohn) darstellen, aber auch die peristaltischen Abläufe, also die Eigenbewegung des Darms, durch die der Speisebrei kontinuierlich weiterbefördert wird. Gut lassen sich auch Fisteln darstellen, die sich vom Darm bis zur Bauchdecke ziehen können.

So wertvoll Ultraschalluntersuchungen des Dickdarms sind, so sehr muss man ihren diagnostischen Wert auch wieder relativieren. Wenn der Untersucher durch eine Ultraschallinspektion den Verdacht bekommt, dass ein pathologischer, also krankhafter Befund vorliegen könne, muss er dies ohnehin mit einer Röntgenaufnahme oder Koloskopie bestätigen. Andererseits schließt ein unauffälligerer Ultraschallbefund keineswegs eine Darmerkrankung aus.

In der Praxis wird das Ultraschallgerät vor allem dann eingesetzt, wenn es um den Erstbefund geht. Diese Entscheidung trifft man besonders bei jungen Patienten, um ihnen die Belastung einer Röntgenaufnahme oder einer Darmspiegelung vorerst zu ersparen. Andererseits kann man bei einer Verschlechterung des Krankheitsbildes einen Patienten auch öfters ohne Gefahr ultraschallen, was sich beim Röntgen wegen der Strahlenbelastung verbietet.

Endoskopie

Neben der Röntgenaufnahme ist die Darmspiegelung (Koloskopie) heutzutage die gebräuchlichste Untersuchungmethode. Wenn der Arzt den Verdacht auf eine Erkrankung des Dickdarms hat, etwa bei Bauchschmerzen, unregelmäßigem Stuhlgang, also Durchfällen und Verstopfung, und natürlich bei Blut im Stuhl, wird er in der Regel eine Koloskopie vornehmen lassen. Diese Untersuchung wird ambulant in der Praxis eines Spezialisten oder in einer Klinik durchgeführt. Oft hört

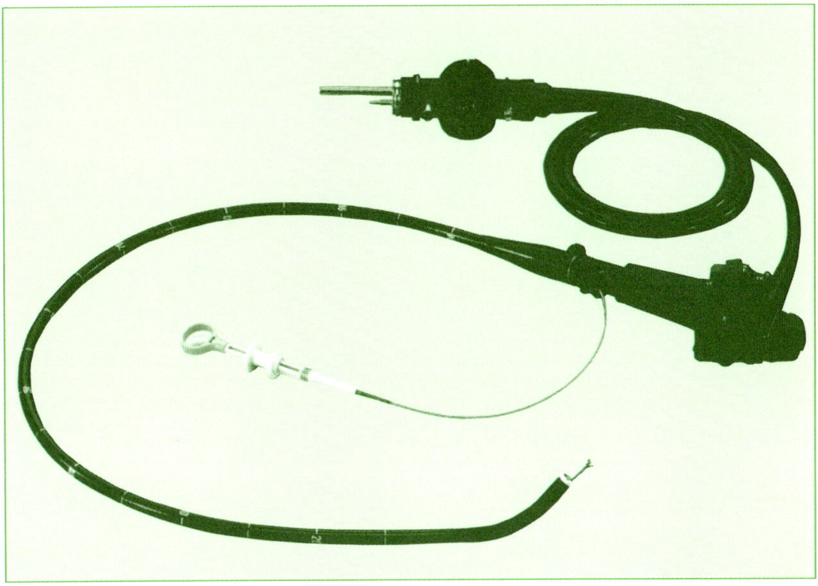

Moderne Endoskope sind voll beweglich. Über eine Glasfaser wird Halogenlicht bis zur Instrumentenspitze geleitet. Die hochauflösende Farbvideokamera sitzt ebenfalls in der Spitze des Instruments. Zusätzlich besitzt das Endoskop noch einen Kanal, über den ein Zusatzinstrument eingeführt werden kann, etwa eine Miniaturzange, mit der Gewebeproben entnommen werden können.

man wahrhaft schreckliche Berichte über die Schmerzhaftigkeit dieser Untersuchung. Die Untersuchung ist nicht angenehm, aber durchaus erträglich. Und vor allem gibt es keinen Grund, Angst davor zu haben. Der Arzt kann bei ängstlichen und besonders schmerzempfindlichen Patienten kurz vor der Untersuchung ein Medikament in die Vene spritzen, das einerseits die Schmerzempfindung verringert und andererseits den Patienten in eine Art Dämmerzustand versetzt, der ihn die ganze Untersuchung nur undeutlich miterleben lässt.

Am Tag zuvor darf der Patient nur wenig Nahrung zu sich nehmen und muss zu einer bestimmten Zeit ein spezielles hochwirksames Abführmittel einnehmen. Am anderen Tag bekommt er vor der Untersuchung noch einmal eine Lösung zu trinken, die den Darm noch einmal reinigt. Erst dann kann die Untersuchung beginnen.

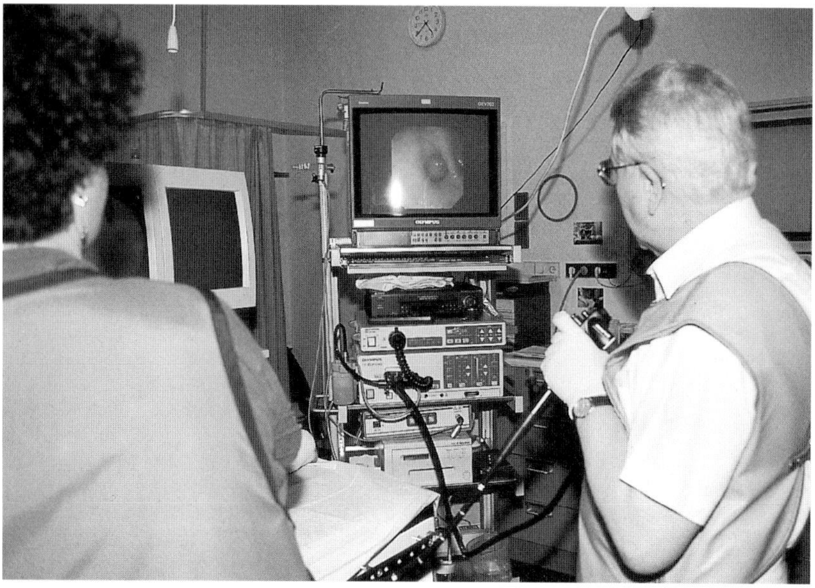

Mithilfe des in den Darm eingeführten Endoskops sieht der Arzt die Beschaffenheit der Darmwand auf dem Monitor. Die Endoskopieschwester bewegt das Instrument nach Anweisung des Arztes behutsam vorwärts und rückwärts.

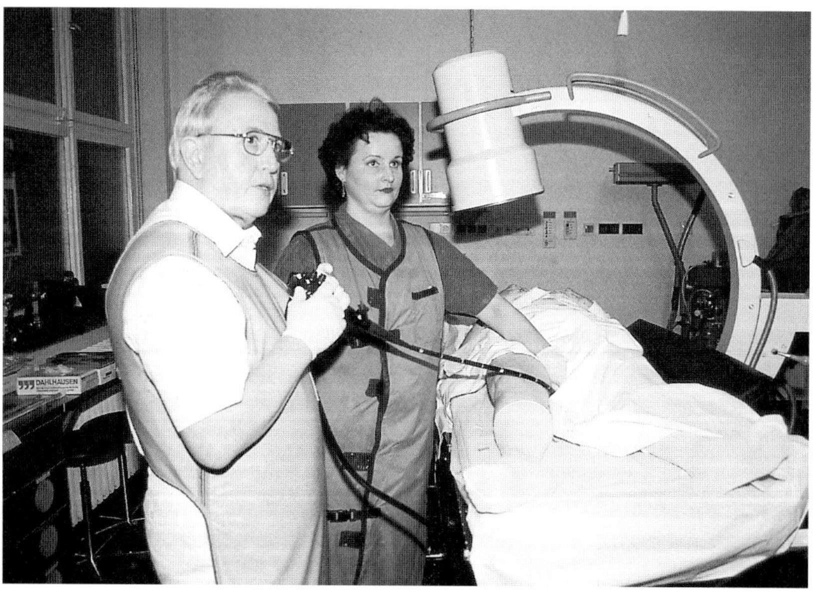

Der Patient wird im Endoskopieraum auf einen Tisch gelegt. Vorher entkleidet er seinen Unterkörper und zieht ein kurzes Höschen an. Man braucht sich also nicht zu genieren, denn man liegt keinesfalls mit entblößtem Leib auf dem Untersuchungstisch. Falls der Patient eine Beruhigungsinjektion erhält, wird ihm jetzt ein Venenzugang gelegt und das Mittel gespritzt. Der Arzt bittet den Patienten nun, sich nach links in die Seitenlage zu drehen. Mit einer Schere wird das Höschen an der Gesäßfalte ein bis zwei Zentimeter aufgeschnitten, damit der Arzt mithilfe seines Fingers die Instrumentenspitze in den After einführen kann. Die Endoskopieschwester übernimmt nun die Aufgabe, das Instrument nach Anweisung des Arztes behutsam vorzuschieben. Der Arzt dirigiert die bewegliche Spitze des Endoskops nach Sicht: Entweder blickt er direkt in das Okular des Instruments oder – im Falle eines Videoendoskops – sieht er das Bild auf einem Monitor. Durch Betätigung eines Knopfes am Endoskop kann der Untersucher Luft in den Darm pumpen, die Linse der Kamera spülen oder Flüssigkeit im Darm, die die Sicht behindert, absaugen.

Es ist sehr kompliziert, dem Instrument den Weg durch den verschlungenen Darm zu weisen. Dazu geht der Untersucher immer wieder ein kurzes Stück zurück, dann wieder vorwärts. Im Idealfall wandert das Instrument zuerst den absteigenden Ast des Dickdarms hoch, biegt dann an der Flexur in den Querdarm und an der nächsten Flexur wieder in den aufsteigenden Darmabschnitt. Das Endoskop kann bis zum Ende des Dickdarms, dem Blinddarm, vorgeschoben werden. Dabei inspiziert der Arzt die Darmwand und erkennt sofort, ob sich die Schleimhaut zu Divertikeln ausgestülpt hat, ob sich ein Polyp auf der Schleimhaut befindet, ob Entzündungsherde oder gar ein Tumor vorhanden ist.

Um von einem verdächtigen Gewebe eine Probe zu nehmen, wird in den Instrumentenkanal des Endoskops eine Miniaturzange eingeführt, mit der unter Sichtkontrolle ein Stückchen Gewebe abgezwickt und nach außen zur Untersuchung befördert wird. Polypen können auch sofort mit einer Drahtschlinge, durch die ein kurzer Stromstoß geschickt wird, abgetragen werden. Wenn der Arzt einen Polypen ektomiert hat,

Wichtig

Vorbereitung auf die Koloskopie

1. *Essen Sie fünf Tage vor der Untersuchung keine Vollwertnahrung (mit Körnchen).*
2. *Am Tag unmittelbar vor der Untersuchung dürfen Sie nur noch flüssige Kost zu sich nehmen.*
3. *Der Arzt wird Ihnen auftragen, am Tag vor der Untersuchung zu einem bestimmten Zeitpunkt ein spezielles Darmreinigungsmittel einzunehmen.*
4. *Am Untersuchungstag müssen Sie nüchtern bleiben, dürfen jedoch Getränke (auch Kaffee) nach Belieben zu sich nehmen.*
5. *Unmittelbar vor der Untersuchung bekommen Sie eine bestimmte Menge (ca. 2 Liter) einer speziellen Flüssigkeit zu trinken.*

bugsiert er das Gewebestück durch das Instrument ebenfalls nach außen, um es vom Pathologen untersuchen zu lassen. Auch ein Polyp kann bösartig sein und eine weitere Behandlung erforderlich machen.

Bei der Darmspiegelung wird der Darm sowohl beim Einführen wie beim späteren Zurückziehen des Instruments begutachtet. Divertikel sieht man beim Vorschieben des Endoskops besser, weil da der Darm noch „geschlungen" verläuft und der Untersucher die Schleimhautaus-

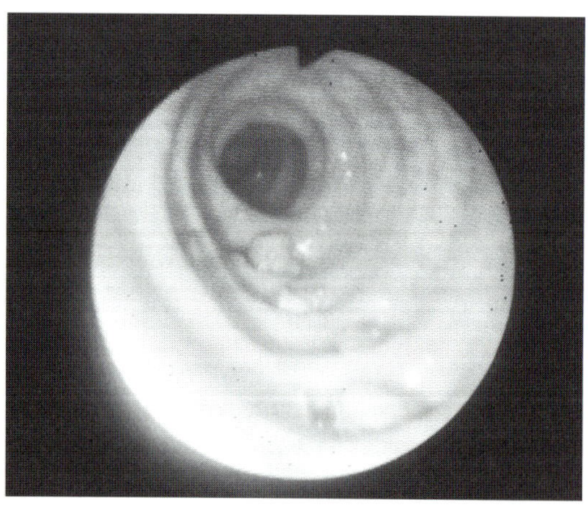

Im endoskopischen Bild kann man leicht den Darmdurchgang selbst und die Divertikelhälse erkennen.

sackungen fast senkrecht einsehen kann. Wenn das Instrument zurückgezogen wird, ist der Darm sozusagen begradigt und besonders kleinere Divertikel lassen sich so kaum noch sehen.

Besonders ausgeprägte, große Divertikel können beim Einführen des Instruments auch mit dem Darmquerschnitt selbst verwechselt werden. Dies kann zu einer Perforation eines Divertikels führen, die sofort operativ behoben werden muss. Wegen erhöhter Perforationsgefahr verzichtet man deshalb auf eine Koloskopie, wenn eine Entzündung der Divertikel vorliegt. Im Endoskop kann man diese ohnehin kaum erkennen, da sich die Entzündung in der Schleimhautaussackung oder sogar der äußeren Darmwandschicht abspielt. Das entzündete Gewebe ist besonders empfindlich und könnte durch die Berührung der Instrumentenspitze leicht reißen.

Wenn bei einem Patienten eine sehr starke Divertikelbildung vorliegt, die sogar den Querschnitt des Darms verringert, ist es unter Umständen sehr schwierig oder sogar unmöglich, mit einem normalen Koloskop durch den Darm zu gelangen. In diesem Fall setzt der Arzt ein spezielles, sehr dünnes Instrument ein, das normalerweise für Kinder entwickelt wurde. Es wurden auch schon Versuche gemacht, bei denen eine Verengung (Stenose) des Darms mithilfe einer Dehnsonde auf der Spitze des Koloskops beseitigt wurde.

Oft bekommt der Patient für die Dauer der Untersuchung Medikamente zur Schmerzlinderung und Beruhigung gespritzt, die aber eine kurzzeitige Überwachung nach Abschluss der Untersuchung nötig machen. Bestimmte Mittel bewirken auch eine retrograde Amnesie, das heißt, der Patient erinnert sich kaum oder überhaupt nicht mehr an die Untersuchung. Dies ist sehr vorteilhaft, weil der Patient die Untersuchung so in fast angenehmer Erinnerung behält und bei einer später nochmals notwendigen Spiegelung angstfrei ist. Bei der Untersuchung befindet sich der Patient aber keinesfalls in Narkose, wie dies bei einer Operation der Fall ist; er ist bei Bewusstsein, nur etwas „benebelt". Allerdings darf der Patient nach der Untersuchung selbst nicht ans Steuer seines Wagens.

4. Konservative Behandlung

Wenn der Arzt per Zufall das Vorhandensein von Dickdarmdivertikeln entdeckt, die keinerlei Beschwerden machen, braucht es keiner Behandlung. Der Mediziner spricht dabei von einer asymptomatischen Divertikulose. Sind die Divertikel jedoch entzündet (Divertikulitis), wird konservativ behandelt, das heißt, chirurgische Maßnahmen bleiben außen vor.

Behandlung der Divertikulitis

Wenn die klinischen Symptome auf eine akute Divertikelentzündung schließen lassen, wird normalerweise auf eine Darmspiegelung zuerst einmal verzichtet. Eine stationäre Behandlung ist aber notwendig, um den Patienten lückenlos überwachen und so auch bei einer Verschlechterung des Zustandes sofort eingreifen zu können. Außerdem dient die Bettruhe der allgemeinen Stabilisierung. Der Patient wird zunächst nüchtern bleiben und erhält über eine Infusion ausreichend Flüssigkeit und alle notwendigen Substanzen für seinen Organismus. Wenn die Divertikulitis weniger gravierend verläuft, darf der Patient nach kurzer Zeit Tee und Zwieback zu sich nehmen. In manchen Kliniken erhält er auch eine flüssige Spezialkost, die so genannte Astronautenkost, die bereits im oberen Dünndarm aufgenommen wird und den Dickdarm nicht weiter belastet.

Zur Eindämmung des entzündlichen Prozesses (meist handelt es sich um Bakterien wie E. coli oder Streptokokken) werden Antibiotika verabreicht. In der Regel dauert dies 7–10 Tage. Um den Unterbauchschmerzen Herr zu werden und den Darm ruhig zu stellen, erhält der Patient so genannte Spasmolytika, also Substanzen, die die glatte Muskulatur der Darmwand entspannen. Falls dies nicht ausreicht, um die Schmerzen zu stillen, können zusätzlich noch Schmerzmittel gegeben werden. Man ist damit aber sehr zurückhaltend, weil eine Schmerzbekämpfung mit stark wirkenden Mitteln (Opiaten) im unteren Dickdarmbereich (Sigma) den Darmdruck erhöhen können. Außerdem ist ein starker Schmerz auch ein Indikator für eine eventuelle Komplikation, etwa den Durchbruch eines Divertikels. Und es würde wenig Sinn machen, diesen Zustand durch eine zu intensive Schmerzbekämpfung zu kaschieren. Krampfartige Schmerzen lassen sich auch sehr gut mit feuchtwarmen Leibwickeln lindern.

Auf starke Abführmittel wird bei einer vermuteten Divertikulitis zunächst verzichtet, um die Gefahr einer möglichen Perforation zu verkleinern. Gleichwohl kann die Verdauung mit Milchzucker sanft in Gang gebracht werden. Überhaupt besteht die Behandlung neben Antibiotika und schmerzstillenden entspannenden Mitteln vor allem in diätetischen Maßnahmen. Das Ziel ist, die Nahrung deutlich mit Ballaststoffen anzureichern, die vom Darm nicht verdaut werden können, jedoch Flüssigkeit aufnehmen und quellen. Auf diese Weise wird die Stuhlmasse vergrößert und damit der Druck im Darm (der Mediziner spricht vom intraluminalen Druck) deutlich erniedrigt.

Freilich darf man sich von dieser Ernährungsumstellung keine Wunder diesbezüglich erwarten, als dass die Maßnahmen bereits in wenigen Tagen greifen. Es dauert schon einige Wochen, bis die Diät anschlägt und Schmerzen, Blähungen und den Wechsel zwischen Verstopfung und Durchfall fast ganz unterbindet. Doch eine spürbare Linderung ist relativ rasch festzustellen, was auch ein wichtiges Motiv sein sollte, die Diätmaßnahmen kontinuierlich und hartnäckig weiter zu beherzigen und nicht alsbald in den alten Ernährungstrott zurückzufallen.

Man muss aber auch wissen, dass Ballaststoffe sehr unterschiedlich wirken. Am günstigsten schneidet dabei Weizenkleie ab, die am meisten Wasser bindet und das Stuhlgewicht beträchtlich erhöht. Doch auch da sind Feinheiten zu beachten: Grobe Weizenkleie, die dem ungeübten Gaumen nicht so schmeckt, nimmt mehr Wasser auf als fein gemahlene Produkte aus Weizenkleie. Auch Leinsamen haben eine heilsame Wirkung. Eine Faustregel besagt, dass man jeden Tag um die 25 Gramm Leinsamen oder Weizenkleie mit ausreichend, eher noch etwas mehr, Flüssigkeit zu sich nehmen sollte. Viele Patienten nehmen zwar fleißig

Ballaststoffe zu sich, übersehen aber, dass ausreichend Flüssigkeit notwendig ist, damit der Ballaststoff im Darm auch ausreichend Flüssigkeit aufnehmen und zu einer großen Masse quellen kann.

Im akuten Zustand kann man auch auf Fertigpräparate der Pharmaindustrie zurückgreifen, die die Zufuhr von Quellmitteln sehr bequem ermöglichen. Besonders indische Flohsamenschalen (Plantago-ovata-Samenschalen), wie sie in dem Präparat Mucofalk verwendet werden, haben eine heilsame Wirkung bei Verstopfung und Blähungen. Plantago ovata wird sogar günstiger eingeschätzt als Weizenkleie. Das Präparat wird in Portionstütchen oder Dosen angeboten; man löst die Substanz in Wasser auf und trinkt sie. Empfehlenswert ist eine tägliche Menge von 5–15 Gramm.

Vorgehen bei einer Blutung

Bei einer perianalen Blutung, die mehr oder weniger massiv ist, wird der Arzt zuerst versuchen, mit einer Inspektion des Darms die Blutungsquelle herauszufinden. Für eine solche Blutung kann es aber sehr viele Ursachen geben: Hämorrhoiden, ein Karzinom, ein gutartiges Geschwür, Polypen oder auch Blutungsquellen im oberen Verdauungstrakt, im Magen oder Dünndarm.

Ein erfahrener Arzt vermag bereits aus dem klinischen Bild der Erkrankung zu schließen, ob es sich um einen gravierenden Notfall handelt, der sofort eine Operation erforderlich macht (im Falle eines Durchbruchs in die Bauchhöhle mit der damit verbundenen Bauchfellentzündung) oder ob es sich um eine Blutung handelt, die aller Wahrscheinlichkeit nach auch ohne gezielte Therapie wieder spontan aufhören wird.

Bei dem begründeten Verdacht auf eine Divertikelblutung und unter sicherem Ausschluss einer Darmperforation besteht die Behandlung zuerst einmal darin, den Patienten intensivmedizinisch zu versorgen, das heißt, ihm eine Infusion zu geben, die den Blutverlust ausgleicht und dem Organismus alle lebensnotwendigen Substanzen zuführt. Der Patient verbleibt auch nach Beendigung der Blutung nüchtern und wird über die Infusion ernährt. Ansonsten wird er komplett überwacht (Kreislaufstatus, Laborwerte).

Behandlung durch das Endoskop

Im Prinzip ist es auch möglich, eine akute Blutung infolge eines lädierten Divertikels durch das Endoskop zu stillen. Hin und wieder wird dies versucht. Dabei kommen verschiedene technische Möglichkeiten zum Einsatz.

Wenn der Untersucher durch das Instrument die blutende Stelle exakt zu erkennen imstande ist, kann er versuchen, sie mit einer Substanz zu unterspritzen, wodurch das verletzte Gefäß verödet wird. Das Mittel verursacht in dem verletzten Gefäß eine Entzündung, aus der die gewünschte Vernarbung resultiert. Ein solcher Versuch wird aber nur selten gewagt, weil die ausgewölbte Schleimhaut sehr dünn ist und durch die Einspritzung perforiert werden könnte. Eine weitere Möglichkeit ist die Verödung durch Hitze oder Elektrizität, wobei das blutende Gefäß verschorft wird.

Schließlich kann auch versucht werden, die blutende Schleimhautaussackung mit einem Adrenalinabkömmling zu unterspritzen und so ein Zusammenziehen des Gefäßes und damit die Blutstillung zu bewirken. Auch diese Methoden werden in der Regel nicht oft eingesetzt, weil dabei immer die Gefahr besteht, die ohnehin sehr dünne Schleimhautschicht (die ja nicht durch eine dahinter liegende Muskelschicht verstärkt ist) zu verletzen, mithin zu durchstoßen und damit eine gefürchtete Perforation mit Erguss des Darminhalts in den Bauchraum zu verursachen.

5. Chirurgische Behandlung

Eine Operation ist, wie wir gesehen haben, nicht das Mittel erster Wahl bei einer Divertikelerkrankung. Ist eine akute und starke Blutung, die auf Divertikel zurückgeht, mit anderen Mitteln nicht zu stillen, muss operiert werden. Dasselbe gilt natürlich für eine mögliche Folge von Divertikeln, der Abszessbildung oder der Perforation. Doch auch der Chirurg wird versuchen, nicht sofort zu operieren, sondern zuerst den Zustand des Patienten einigermaßen zu stabilisieren. Das Risiko einer Notoperation, die freilich nicht in jedem Fall vermieden werden kann, ist nämlich nicht gering.

Wann muss operiert werden?

Kommt eine Darmblutung wegen Divertikel, die erstmals aufgetreten ist, nach konventioneller internistischer Behandlung wieder zum Stillstand und zeigen die Befunde der Koloskopie bzw. anderer bildgebender Verfahren die Notwendigkeit einer chirurgischen Beseitigung des mit Divertikeln befallenen Darmabschnitts, wird in der Regel versucht, einen Zeitpunkt abzuwarten, in dem die Divertikel keine akuten Probleme mehr bereiten, und der Patient sich in einem akzeptablen Allgemeinzustand befindet. Solche Eingriffe sind mit modernen Narkosetechniken und Operationsmethoden heute zwar mit einem sehr geringen Risiko behaftet, gleichwohl besteht ein gewisses Risiko, denn eine Darmoperation ist, gleich aus welchem Grund, doch ein größerer chirurgischer Eingriff.

Zeigt die Untersuchung aber, dass das Ausmaß der Divertikelbildung gering ist, wird man nach internistischer Behebung der Blutung bzw. Entzündung zuerst einmal zuwarten. Es ist in vielen Fällen erfahrungsgemäß so, zumindest bei Blutungen, dass es bei dem einmaligen Ereignis bleibt und der Patient künftig keine Probleme mehr mit seinen Divertikeln hat. Natürlich ist dann auch keine Operation nötig. Kommt es zu einer erneuten Blutung oder Entzündung, sieht die Lage anders aus. Es empfiehlt sich, nach einer überstandenen Blutung nach einer mit dem behandelnden Arzt abzusprechenden Zeitspanne unbedingt Kontrolluntersuchungen durchzuführen (Koloskopie), um zu sehen, wie die Divertikelbildung fortschreitet.

Was passiert bei einer Divertikeloperation?

Der Chirurg muss den von Divertikeln befallenen Darmabschnitt herausschneiden und den Darm wieder zusammennähen. Dazu muss er vorher genau wissen, an welcher Stelle des Darms die Divertikel sitzen. Bei geplanten Eingriffen wird dies durch die verschiedenen Untersuchungen genau abgeklärt.

Blutungen aus Divertikeln, die bislang unbekannt geblieben sind, ereignen sich meist überraschend und sehen durch den heftigen Blutabgang auch sehr dramatisch aus. Der Arzt weiß ja auch nicht, was die Ursache für die massive Blutung ist. Einige Gründe sind denkbar, vom Tumor

Die Abbildung links zeigt das Sigma mit zahlreichen Divertikeln, die sich immer wieder entzünden und langsam zu einer Verkleinerung des Darmquerschnitts führen. Nach Entfernung des problematischen Darmabschnitts und einer Naht zwischen Mastdarm und Dickdarmrest ist die Darmpassage wieder frei.

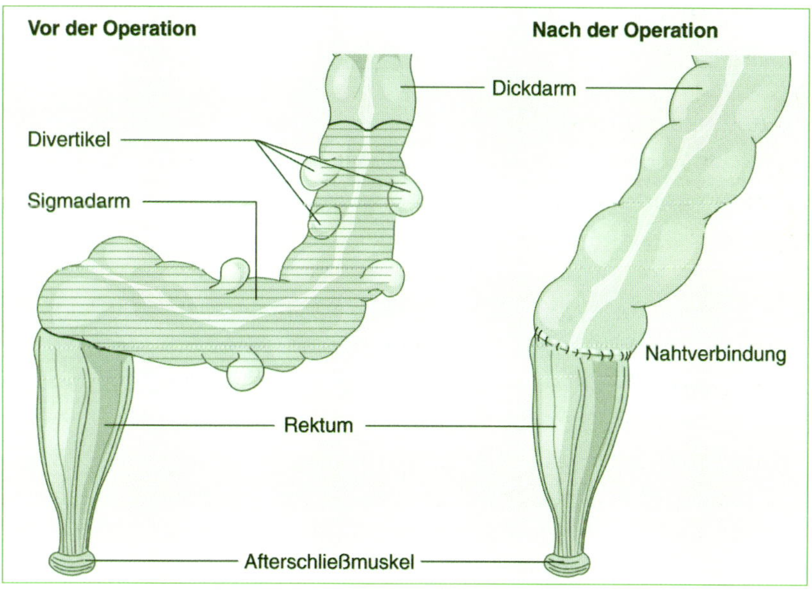

über Polypen bis zu Hämorrhoidalproblemen. Man wird in einem solchen Fall auch auf einer chirurgischen Abteilung zunächst zuwarten, da die Blutung in der Regel spontan zum Stillstand kommt. Infusionen mit Blut oder Plasmaersatz helfen vorerst, den Blutverlust auszugleichen und den Kreislauf zu stabilisieren.

Während der Blutung, wenn sie länger anhält, kann natürlich eine Darmspiegelung zur Lokalisierung der Blutungsquelle versucht werden oder eine Angiographie, bei der mit einem in den Kreislauf gespritzten Kontrastmittel die Blutungsquelle im Darm röntgenologisch dargestellt werden kann. In jedem Fall braucht der Chirurg eine genaue Lokalisation der Blutungsquelle im Darm, wenn er das entsprechende Darmstück entfernen muss. Eine blinde Entfernung eines Darmstücks verbietet sich in der Regel schon wegen des enormen Operationsrisikos.

Bei der Operation, die grundsätzlich unter Vollnarkose durchgeführt wird, wird der Bauchraum durch einen Längsschnitt unterhalb des Nabels geöffnet. Der Chirurg muss sich zuerst einen Überblick über den gesamten Darm verschaffen und beurteilen, ob möglicherweise Nachbarorgane von einer möglichen Entzündung mit betroffen sind. Nach Lösen von entzündlichen Verklebungen mit Nachbarorganen werden die Gefäße des entzündlich veränderten, divertikeltragenden Darmabschnitts unterbunden und durchtrennt. Im Anschluss daran wird dieser Darmabschnitt zwischen Klemmen herausgeschnitten. Mit einer Naht aus Fäden, die sich im Körpergewebe später von selbst auflösen, werden die beiden Darmenden dann wieder zusammengefügt. Manchmal werden sie auch mittels eines speziellen Geräts durch kleine Metallklammern verbunden. Das entfernte Darmstück wird zur feingeweblichen Untersuchung an einen Pathologen gesandt.

Falls es zu einer Perforation gekommen und der Bauchraum mit Darminhalt kontaminiert ist, muss der Arzt den Bauchraum intensiv mit einer keimtötenden Flüssigkeit ausspülen (Lavage). Falls notwendig wird ein Dränageschlauch gelegt, der durch den anschließend wieder zu vernähenden Bauch nach außen führt, um so den Abfluss von Wundsekret zu garantieren. Die Bauchdecke wird am Ende des Eingriffs schichtweise wieder zugenäht und mit einem sterilen Verband geschützt. Der Eingriff dauert in der Regel zwei Stunden.

Bei solchen Eingriffen besteht immer die Gefahr, dass Keime aus dem Darminneren in die Wunde gelangen können. Um den Folgen einer solchen Infektion vorzubeugen, erhält der Patient bereits bei Einleitung der Narkose ein hochwirksames Antibiotikum gespritzt. Der antibiotische Schutz wird auch noch nach der Operation fortgesetzt.

Risiken des Eingriffs

Das entscheidende Problem bei diesem Eingriff ist die Frage, ob die Darmnaht komplikationslos abheilt. Wenn nämlich die beiden neu zusammengefügten Darmenden schlecht durchblutet sind, kann das Gewebe an ihrem Rand undicht werden. So besteht die Gefahr, dass Darminhalt in die Bauchhöhle dringt und eine schwerwiegende Bauchfellentzündung (Peritonitis) hervorruft.

Die innere Bauchwand ist mit dem Bauchfell überzogen und umhüllt dort alle Organe. Dem völlig keimfreien Bauchfell fallen vor allem zwei wichtige Aufgaben zu: Einmal sondert es ein Sekret ab, das es den Darmschlingen ermöglicht, sich frei zu bewegen. Zum andern stellt es eine Barriere gegen Krankheitskeime dar. Wenn also durch eine Perforation der Verdauungsorgane oder eine Verletzung Bakterien in den Bauchraum gelangen, ziehen sich in den Blutgefäßen des Bauchfells weiße Blutkörperchen für die Abwehrschlacht zusammen. Das Bauchfell entzündet sich und nimmt dabei sehr viel Flüssigkeit auf. Diese entzieht es dem Körper, was sehr schnell zu einem Kreislaufzusammenbruch führt. Und einem massiven Ansturm von Bakterien ist natürlich auch das Bauchfell nicht gewachsen.

Bei einer solchen Komplikation ist leider ein weiterer Eingriff notwendig, um die undichte Naht zu erneuern und den Bauchraum mit einer Na-Cl-Lösung mehrfach auszuspülen und eventuelle eitrige Beläge zu entfernen.

Wann muss ein künstlicher Darmausgang gelegt werden?

Die Anlage eines künstlichen Darmausgangs kann bei Notfalleingriffen wegen einer Divertikulitis aus mehreren Gründen erforderlich sein: Einmal, wenn es wegen des Durchbruchs eines Divertikels in die freie Bauchhöhle zu einer diffusen (allgemeinen) Bauchfellentzündung gekommen ist. Oder wenn sich ein Abszess entwickelt hat, der die Darmnähte gefährdet. Ein weiterer Grund kann ein Darmverschluss sein, der durch die Divertikulitis entstanden ist.

Man unterscheidet zwischen einem künstlichen Darmausgang (Anus praeter oder Stoma) auf Zeit oder auf Dauer. Bei einer Divertikulitis muss allerdings so gut wie nie ein künstlicher Darmausgang auf Dauer angelegt werden. Um die Operationswunde störungsfrei ausheilen lassen zu können, legt der Chirurg oft einen künstlichen Ausgang des Dickdarms an (Kolostomie). Das Darmende wird dabei durch ein Loch in der Bauchdecke, meist auf der linken Seite oder in Oberbauchmitte,

Bei einem künstlichen Darmausgang, dem Stoma, wird ein Kunststoffbeutel für den Stuhlgang mit einem Klebering um den Darmausgang in der Bauchdecke befestigt.

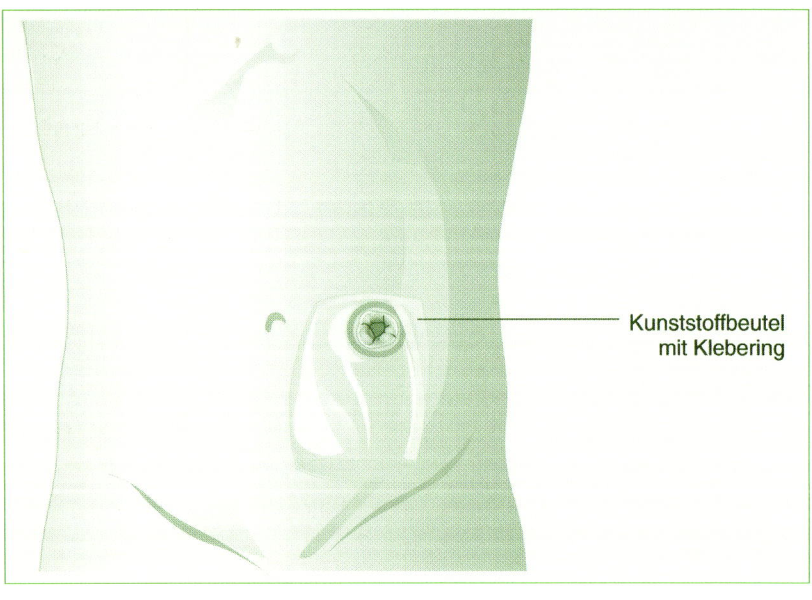

geführt und dergestalt oberhalb der Bauchdecke angebracht, dass die Darmränder etwas über der Haut stehen. Der Darm wird mit der Bauchdecke vernäht. In den meisten Fällen kann der künstliche Ausgang nach einigen Wochen in einer zweiten Operation wieder aufgehoben und das Darmende mit Mastdarm und After verbunden werden.

Wenn allerdings ein zu großes Darmstück entfernt werden musste oder auch aus anderen Gründen – einem Darmverschluss, Tumoren oder Colitis ulcerosa – Mastdarm, After und Schließmuskel nicht mehr funktionsfähig sind, bleibt der künstliche Ausgang bestehen.

Das Stoma wird auf der Bauchdecke von einem Beutel abgedeckt, in den der Stuhl sich entleert. Der Beutel wird jeweils mit einem Klebering auf dem Bauch um die Öffnung des neuen Darmausgangs befestigt. Diese Methode garantiert, dass die Umgebung nichts davon bemerkt. Auch eine Geruchsbildung wird vermieden. Freilich muss der Stomaträger den gefüllten Beutel immer rechtzeitig erneuern und große Hygiene walten lassen, damit es an der Austrittstelle zu keinen Hautreizungen oder Entzündungen kommt.

Wird wegen Divertikel geplant operiert, also nicht aus einer Notsituation heraus, ist in aller Regel ein Stoma nicht nötig, da dann der Darm vor der Operation gereinigt werden kann und da auch keine Bauchfellentzündung vorliegt. Die Darmnaht ist dann nicht gefährdet. Schon aus diesem Grund sollte sich jeder Patient nach einer Divertikelblutung oder einem abgeklungenen Entzündungsschub mit seinem Arzt überlegen, ob es nicht sinnvoll ist, sich in gutem körperlichem Zustand dem Eingriff zu unterziehen.

Nach der Operation

In der Regel ist ein Klinikaufenthalt von 10–14 Tagen erforderlich. Bis die Funktion des Darmes wieder ganz normalisiert ist, kann es, von Fall zu Fall verschieden, durchaus einige Wochen dauern. Die Beschwerden, unter denen Patienten mit Divertikelentzündung bisher aber gelitten haben, sind bereits nach der Operation verschwunden.

6. Begünstigende Faktoren vermeiden

Divertikel bilden sich wohl vor allem infolge falscher, nämlich ballaststoffarmer Ernährung. Man nimmt an, dass auch eine gewisse erbliche Veranlagung zu Gewebeschwäche dafür Ursache sein kann. Ungünstig wirkt sich natürlich auch Übergewicht aus, was wiederum eine Folge falschen Essens ist. Die Frage, wie man Divertikel vermeiden oder, wenn man sie bereits hat, zumindest umfangmäßig in Grenzen halten kann, lässt sich nicht endgültig beantworten. Eine „gesunde" Ernährung (über die im folgenden Kapitel gesprochen wird) ist aber unerlässlich und diese Maßnahme führt auch zur Gewichtsreduzierung. Genauso bedeutsam wie die Ernährungsumstellung ist aber auch Bewegung. Die meisten von uns leiden heutzutage unter einem erheblichen Bewegungsmangel. Das hat viele Gründe. Doch Bewegung muss sein. Bewegung ist für unser Wohlbefinden, für die Vermeidung von Krankheiten und für die Heilung bestehender Leiden ungeheuer wichtig.

Man muss sich deshalb nicht gleich im nächsten Fitness-Studio anmelden, einen raffinierten Heimtrainer anschaffen oder Inline-Skates oder Skateboard fahren lernen. Wer regelmäßig – aber tatsächlich auch regelmäßig! – läuft oder wandert und vielleicht hin und wieder auch ins Schwimmbad geht, tut fast alles, nach dem unser Körper verlangt. Besonders dem Darm bekommt regelmäßige Bewegung.

Regelmäßige Bewegung ist die halbe Gesundheit

Es ist auch nicht falsch, jeden Tag eine Viertelstunde für einfache Gymnastikübungen zu opfern. Es brauchen keine komplizierten Übungen zu sein, die denjenigen, der so etwas seit der Schulzeit nie wieder versucht hat, ohnehin nur abschrecken würden. Einfache Stretching-Übungen, die der versierte Sportler grundsätzlich zum Aufwärmen macht, sind schon eine ganze Menge. Und wenn man dies jeden Morgen gleich nach dem Aufstehen fünf oder zehn Minuten durchführt, hat man sein

Pensum gut erfüllt. Der Körper reagiert aber auch sehr feinfühlig und konsequent auf seelische Belastungen. Viele wissen, dass ihr Körper auf bestimmte Stresssituationen wie etwa eine Prüfung mit Durchfall reagiert. Möglichst stressfrei zu leben sollte sich jeder zum Ziel machen – auch wenn dies nie vollkommen zu realisieren ist.

Sie sollten sich aber dennoch einmal ernsthaft fragen, wie es mit Ihrer seelischen Belastung und Belastbarkeit steht. Vermeiden lässt sich Stress nicht, aber es gibt praktikable Methoden, mit ihm einigermaßen fertig zu werden. Das autogene Training oder die progressive Muskelrelaxation z. B. sind altbewährte Methoden, sich auch in einer hektischen Welt die Ruhe zu bewahren. Natürlich gibt es noch zahlreiche andere Methoden, besonders aus dem asiatischen Kulturkreis, die ebenso gut funktionieren. Suchen Sie sich das aus, was Ihnen auch Spaß bereitet, denn nur dann setzen Sie Ihre Entspannungstechnik auch wirklich jeden Tag ein. Grundsätzlich sollten Sie sich auch einmal darüber Gedanken machen, ob Sie Ihr Leben nicht etwas anders einrichten wollen, etwa weniger aggressiv zu reagieren, nicht alles so ernst und schwer zu nehmen und öfters auch einmal nur an sich selbst zu denken.

Ein paar einfache Gymnastikübungen, die – regelmäßig ausgeführt – Ihrem ganzen Körper bestimmt hervorragend bekommen.

7. Ernährungsumstellung

Ein Patient, der an einer akuten Divertikelentzündung leidet, muss ein paar Tage auf das Essen verzichten. Der Darm braucht Ruhe. Bei einer Divertikulitis liegt man ohnehin meist in der Klinik und bekommt dort über einen intravenösen Zugang alles an Flüssigkeit und Nährstoffen, was der Körper benötigt. Diese unfreiwillige Fastenkur dauert aber nur ein paar Tage und dann darf man wieder – zwar behutsam und einschleichend – ganz normale Nahrung zu sich nehmen. Der Arzt wird einem, wenn man ihn dezidiert danach fragt, auch keine besondere Diät vorschreiben wie beispielsweise einem Patienten, der unter Diabetes oder Zöliakie leidet. Man bekommt nur den allgemeinen Auftrag, doch darauf zu achten, sich in Zukunft ballaststoffreich zu ernähren. Was man sich darunter vorzustellen hat, ist fast mit einem Satz gesagt: hauptsächlich faserreiche Nahrungsmittel und eine Beschränkung aller anderer, eben nicht faserreicher Nahrungsbestandteile. Doch, wie gesagt, dies ist schon eine Beschränkung jedoch kein Verzicht, denn von Ballaststoffen allein kann man auch nicht leben. Viele Patienten glauben aber, dass jetzt eine entsagungsreiche Zeit beginnt. Dies ist jedoch völlig falsch.

Eine Divertikeldiät ist keine Entsagungsdiät

Wenn nach vorerst einmal überwundener Erkrankung die Notwendigkeit klar wird, das alte Essverhalten ziemlich einschneidend umzustellen, wird dies von den meisten Menschen als ein sehr unangenehmer Einschnitt ihres Lebens betrachtet. Das mag vielleicht bei Erkrankungen zutreffen, die in der Tat wirklich einen gravierenden Verzicht auf diese oder jene Lebensmittelgruppe notwendig machen. Diese Angst ist aber keinesfalls zutreffend, wenn es heißt, zu einer ausgewogenen Ernährung zurückzufinden.

Die Ernährungsweise, die bei uns gang und gäbe ist – Fertiggerichte, Fast Food, fettreiche Nahrung (steigende Tendenz!), versteckte Fette in Würsten, Süßigkeiten, Backwaren, Knabbergebäck, Backwaren aus

feinstem Mehl, Süßes über Süßes – an diese Essweise haben sich die meisten von uns gewöhnt, ist sie doch eine Konsequenz unseres dynamischen, stressgefüllten Lebens. Mit Genuss hat das aber alles recht wenig zu tun. Wir halten diese Ernährungsform zwar für wohlschmeckend, weil wir nichts anderes mehr kennen. Ernährunsgsexperten sprechen längst von einer Verwilderung unserer Ernährungsgewohnheiten. Dies zu ändern, hat nichts mit Diät zu tun; es ist eine Sache der Vernunft. Sich wieder vernünftig zu ernähren heißt, mit Verstand essen, bewusst essen und sich den Speisezettel kreativ zusammenzustellen.

Ballaststoffreiche Ernährung bewirkt Wunder

Dass wir hier wieder einmal eine Lanze für eine ausgewogene ballaststoffreiche Ernährung brechen, hat nichts mit Fanatismus zu tun. Wer sich einmal bewusst macht, welche Wohltaten er seinem Organismus zukommen lässt, wenn er sich an jene recht simplen Spielregeln bewussten Essens hält, kann seine alten Verhaltensweisen gar nicht mehr begreifen, einfach so und unüberlegt all jene grässlichen Dinge in sich hineinzustopfen, die den Körper in the long run krank machen.

Bewusst, gesund, ausgewogen zu essen bedeutet genussvoll zu essen, den Körper leistungsfähig und widerstandsfähig zu machen. Bleiben wir beim Thema: Diese von uns propagierte Rückkehr zu einer gesunden Ernährung hilft nicht nur, mit dem Divertikelproblem künftig besser umzugehen, sie ist ein wahrer Segen für den ganzen Körper.

Die Spielregeln

Bewusst leben heißt Verzicht auf Nikotin, Einschränkung des Alkoholgenusses und regelmäßige Bewegung. Für einen gesunden Darm braucht es keiner speziellen Diät; wichtig ist „nur“ eine ausgewogenene, das heißt: vernünftige Ernährung. Gesunde Ernährung und bewusste Essensweise stärken den ganzen Körper und stabilisieren damit vor allem seine Widerstandskraft.

Wohlbefinden lässt sich essen

Nahrungsmittel sind nicht nur dazu da, Hunger regelmäßig zu stillen und den Verdauungstrakt zu füllen, der Körper braucht für seine Funktionstüchtigkeit ganz bestimmte Substanzen, die sich in verschiedenen Nahrungsmitteln befinden, und er braucht sie in unterschiedlicher Menge. Ein Zuviel wie ein Zuwenig quittiert unser Organismus mit Fehlfunktionen, die sich letztlich nicht nur in Krankheiten und ihren lästigen Symptomen zeigen, sondern auch in allgemeiner verminderter Leistungsfähigkeit und einem reduzierten Wohlbefinden.

Gesundes Essen lässt die Maschine Körper auf Hochtouren laufen, vermittelt ein gutes Körpergefühl, kurzum: Man fühlt sich rundum gesund, wohl und voller Kraft. Und solche Gefühle beflügeln, verscheuchen Depressionen, machen einen ausgewogenen, glücklichen Menschen aus. Glauben Sie uns, dies sind keine Floskeln, die man so daherredet. Diese Behauptung beruht auf wissenschaftlichen Erkenntnissen.

Was der Körper braucht und worauf er gerne verzichtet

Wer richtig isst, fühlt sich wohl, voller Kraft und Unternehmungslust, ja glücklich. Es sind nur wenige Punkte, die man sich merken muss:

Fett lässt sich vermeiden!

Man braucht nicht immer Fett, um Speisen zuzubereiten. Gemüse beispielsweise kann man ohne ein Gramm Fett dünsten oder dämpfen. Auch Fleisch lässt sich in speziell beschichteten Pfannen ohne oder mit sehr wenig Fett anbraten. Bereitet man einen Braten zu, schwimmt auf der Soße das Fett – aber das lässt sich mühelos abschöpfen! Salate macht man mit kaltgepresstem Pflanzenöl wie Sesam-, Distel-, Sonnenblumen- oder Distelöl an. Und ansonsten sollte man einfach sparsam zu Fett greifen. Das Butterbrot kann man auch mit Butter nur „behauchen“, anstatt sie fingerdick draufzuschmieren. Weniger schmeckt oft nach mehr! Aber auch hier gilt es, Vernunft walten zu lassen: Ohne Fett geht es auch nicht, denn der Körper braucht Fett, um die wichtigen fettlöslichen Vitamine A, D, E und K überhaupt verwerten zu können.

Gemüse und Obst sind die wahren Highlights einer gescheiten Ernährung. Fisch gehört auf jeden Tisch: Schön, dass sich dieser Slogan sogar reimt, aber einmal die Woche sollte man Fisch auf den Tisch bringen. Auf Fleisch und Eier braucht man, wenn man sie schätzt, nicht verzichten, doch ihr Genuss sollte sich in engeren Grenzen halten. Ein weiterer wichtiger Punkt sind Kräuter und Gewürze. Sie sind an sich schon sehr gesund – man denke nur beispielsweise an Knoblauch, der die Durchblutung fördert und Herz-Kreislauf-Erkrankungen vorbeugt –, doch ganz vordergründig verleihen sie den Speisen auch den letzten Pfiff. Und sie beflügeln die Kreativität des Kochs heraus. Denn gesundes Essen macht das Auge an, schmeckt abwechslungsreich und fördert den Appetit.

Für das Abnehmen eine Wunderdiät?

Wer korpulent ist, also viele Pfunde zuviel mit sich herumschleppt, sollte schleunigst zu seinem Normalgewicht zurückfinden. Schleunigst heißt aber keinesfalls im Schnellzugtempo, denn das funktioniert nicht. Schleunigst will sagen: ernsthaft und zielbewusst. Und um Gottes willen sollte man die Finger von irgendeiner gerade hoch angepriesenen Wunderschlankheitsdiät lassen. Das Wesen so ziemlich aller Schlankheitsdiäten ist, dass sie den Körper einseitig ernähren. Ihr Prinzip beruht darauf, dass sie dafür sorgen, dass zuerst die Eiweißreserven beispielsweise in der Muskulatur abgebaut werden. Eigentlich funktioniert dieser Fettabbau nur durch regelmäßige Bewegung.

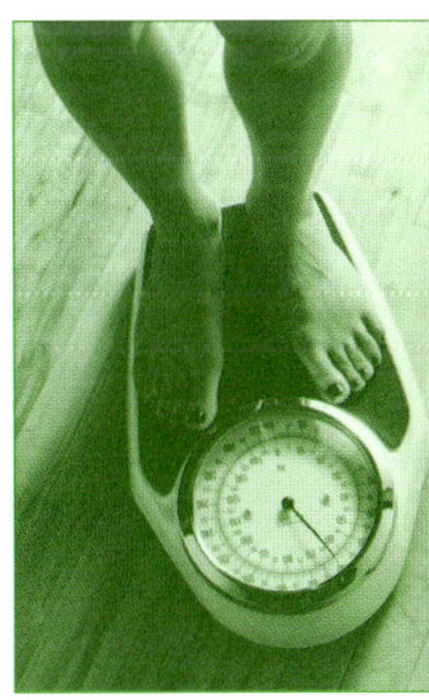

Diäten reden einem aber ein, es gehe auch so, automatisch sozusagen, wenn man sich nur an die Rezepturen der jeweiligen Diät hält. Nur lässt sich keine dieser Diäten lange durchhalten. Nicht nur, dass sie den Betreffenden zu großer Entsagung nötigen (er hat die Einseitigkeit bald satt), sondern sie machen den Organismus durch die regelmäßige einseitige Zufuhr von Nährstoffen krank. Das Resultat: Die verlorenen Pfunde kehren alsbald wieder zurück und noch ein paar Pfunde obendrauf, weil man im Anschluss an die Diät recht frustriert wieder zum alten Ernährungsschlendrian zurückkehrt. Nicht nur den Fachleuten ist diese anschaulich als Jo-Jo-Effekt beschriebene Folge bestens bekannt.

Vernünftig essen beginnt im Kopf

Schlank und gesund wird und – vor allem! – bleibt man nur, wenn man seine Ernährungsgewohnheiten behutsam, aber nachhaltig umstellt und ausgewogen isst. Eigentlich ein recht einfacher Mechanismus, doch er ist offensichtlich sehr schwer in die Praxis umzusetzen. Deshalb: Schlank werden, also sich bewusst ernähren, dies beginnt im Kopf. Es ist eine Angelegenheit der Einstellung!.

Fleisch

Fleisch enthält viel Cholesterin, Fette, Purin und Salze, eigentlich mehr, als dem Körper lieb ist. Und aller Überfluss schadet. Und besonders dem Darm bekommt eine fleischreiche Kost wenig, denn Fleisch erzeugt im Darm viele Gär- und Fäulnisstoffe. Noch problematischer sind Innereien, denn sie absorbieren konzentriert Schadstoffe aus der Umwelt. Wer Innereien verzehrt, nimmt so automatisch auch diese unerwünschten Substanzen auf. Ganz auf Fleisch freilich kann man auch nicht verzichten, denn es enthält rund zwei Dutzend lebensnotwendige Aminosäuren. Wer auf Fleisch gänzlich verzichten will, muss sich deshalb dieses Eiweiß aus anderen Nahrungsquellen holen, etwa aus Joghurt, Quark, Käse und Eiern. Und natürlich aus Fisch, denn Fisch ist ein wertvoller Eiweißlieferant. Außerdem ist Fisch reich an Omega-3-Fettsäuren, die als wichtiger Gegenspieler der Arachidonsäure (befindet sich im Fleisch) gelten, die entzündliche Erkrankungen (Rheuma) erzeugen.

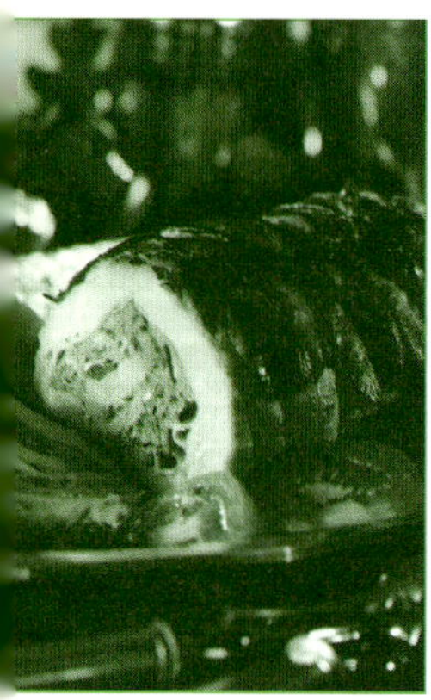

Man sollte aber, wenn man nicht gerade eingefleischter Vegetarier ist, das Kind nicht mit dem Bade ausschütten und Fleisch verteufeln. Ein bisschen schadet nicht. Ein- bis zweimal die Woche eine Fleischmahlzeit reicht aus und dann sollte man die Portion aber so ansetzen, dass das Fleisch eher die Beilage zum Gemüse ist, also 100–150 g davon.

Umgewöhnungsstrategien

Wer seinen Körper bisher falsch ernährt hat, sollte sich hüten, seine Ernährungsgewohnheiten sozusagen im Handstreich umzustellen. Abgesehen davon, dass dies ein langsamer Prozess sein muss, weil er ja für den Rest des Lebens gilt, würde der bisher an die leckeren Fragwürdigkeiten moderner Un-Ernährung gewohnte Verdauungsapparat in die Knie gezwungen.

Salat und rohes Gemüse sind sicher eine Wohltat für den darauf trainierten Darm. Wenn man ihn aber mir nichts, dir nichts damit im Übermaß füttert, kann es gut sein, dass er streikt, das heißt, abends genossen, können rohes Gemüse und Salat im Darm liegen bleiben und in Gärung übergehen. Die Folgen: Der Bauch schwillt an, schmerzt und starke Blähungen quälen einen. Auch der plötzliche gut gemeinte Wechsel von Backwaren aus Industriemehl zu Vollkornprodukten kann problematisch sein: Der Darm hat sich auf diese ungewohnte Kost noch nicht eingestellt und antwortet prompt mit Verdauungsbeschwerden. So also lieber zarte Flocken von Hirse, Gerste oder Weizen in die Nahrung anstatt gleich eine Hand voll geschroteter Körner. Und auch Fruchtsäfte gelten als gesund, nur wenn man plötzlich statt des vielen Biers die entsprechende Menge an Säften zu sich nimmt, wird der Magen übersäuert. Obst in Saftform führt dem Körper keine Ballaststoffe zu und so kann es leicht zu Verstopfung kommen. Man sieht also, dass es sinnvoll ist, mit der neuen Ernährungsweise behutsam zu beginnen.

Zuerst sollte man einmal ganz offen eine Bilanz ziehen und sich aufschreiben, was man so täglich eigentlich zu sich nimmt. Mit den Informationen dieses Buches kann man sehr schnell die bisherige Ernährungsgewohnheit analysieren. Dann macht man sich einen Plan und ersetzt z. B. zuerst einmal das bisherige Frühstück aus dick bestrichenem Butterbrot mit einem kräftigen Müsli und legt sich statt der bisher obligatorischen zwei Scheiben Wurst einen Apfel auf den Teller. Und die geliebte Tasse Kaffee lässt sich sicher mit Tee ersetzen.

Wenn sich solche Änderungen erst einmal einschleifen und zur Gewohnheit werden, ist der erste Schritt zur Umstellung der Ernährung getan.

Essen heißt genießen

Man muss sich darüber völlig im Klaren sein, dass eine Ernährungsumstellung keinesfalls bedeutet, dass man alten Genüssen Lebewohl sagen muss und jetzt eine herbe Zeit anbricht, die Zeit der Entsagung. Wer sich das nicht wirklich klar macht, hat kaum Chancen, die Umstellung zu schaffen. Man macht das einige Zeit und der Alltagstrott lässt die neuen Vorsätze bald verblassen, und schon ist alles wie bisher. Man muss diese Umstellung sehr wichtig nehmen, immer wieder daran denken. Und man muss sie genießen! Jede Mahlzeit sollte ein kleines Ereignis sein, die Chance, einen neuen Geschmack auszukosten. Dazu braucht man Zeit.

Das Essen ist eine viel zu wichtige und schöne Angelegenheit, als dass man sie nur so nebenbei – quasi als Pflichtübung erfüllt. Beim Essen sollte man weder Zeitung noch Akten studieren oder gar arbeiten. Essen erfordert Konzentration – und Genuss. Wenn man genießt, lässt man sich Zeit dazu. In Gesellschaft zu speisen ist eine gute Gelegenheit, ein Essen richtiggehend zu zelebrieren. Und nichts ist dagegen einzuwenden, auch einmal eine kleine Pause einzulegen, um seinem Tischnachbarn zuzuhören oder ihm seine Ansicht entgegenzuhalten. Die Verdauung dankt diese kleine Unterbrechung, denn so kann der Magen die Speisen zügig verarbeiten und kontinuierlich in den Dünndarm weiterbefördern. Wer sein Essen schnell hinunterschlingt, übertölpelt den Magen, der so gar keine Chance hat, erst ein Sättigungsgefühl ans Gehirn zu melden, denn er ist ja pausenlos beschäftigt.

Den Eigengeschmack der Speisen zu genießen heisst, sie langsam und ausgiebig zu kauen. Dies ist natürlich auch ein Plus für den Genuss und nicht zuletzt für die Verdauung. Kauen Sie beharrlich jeden Bissen zehnmal. Und konzentrieren Sie sich darauf: Lernen Sie den Geschmack erkennen, der sich in ihrem Mund ausbreitet. Wer alles nur mit ein, zwei Bissen notdürftig zerkleinert und dann hinunterschlingt, kommt nie in den Genuss eines guten Essens. Wer weiß schon, wie herrlich frisch ein Apfel schmeckt oder welch unvergleichliches Aroma ein intensiv gekauter Pfirsich entwickelt. Übrigens ist die Methode intensiven Kauens der einzige Weg, den Eigengeschmack von Speisen kosten zu können. Man begreift dann auch, weshalb der wahre Feinschmecker auf ein Übermaß an Gewürzen und Soßen verzichtet und lieber das Eigentliche einer Speise kostet.

Das Auge isst mit

Um sich auf das Essen freuen zu können, muss es nicht nur gut schmecken, sondern auch appetitlich aussehen. Auch wenn man für sich selbst kocht, soll das Essen nicht nur eine Pflichtübung sein. Wer in dieser Einstellung lebt, wird sich bald darauf beschränken, eine Konservendose zu öffnen und sich deren Inhalt anzuwärmen oder ein Fertiggericht aus der Tüte in heißem Wasser anzurühren. Was kann es dagegen für ein Erlebnis sein, wenn man das Zuschneiden der herrlichen Paprikafrucht, das Würfeln der Zwiebelringe einfach genießt und zuschaut, wie alles in der Pfanne gart? Und man kann Fantasie entwickeln, die alltäglichen Speisen auch liebevoll auf dem Teller anzurichten, vielleicht das Dressing für den Salat in einem eigenen Töpfchen

bereitstellen und erst kurz vor dem Essen darüber gießen. Es ist auch nicht egal, in welchem Rahmen man isst. Ein artig gedeckter Tisch, vielleicht ein Blumensträußchen. Das alles stimmt einen positiv, entspannt und hilft dem Körper, die Nahrung unverkrampft aufzunehmen.

Wenn man Teller sieht, auch in Restaurants, auf denen die Speisen richtig klotzig aufgetürmt sind, müsste einem eigentlich der Appetit vergehen. Küchenchefs in Gourmettempeln wissen schon, weshalb die Menge einer Speise nicht ausschlaggebend ist. Sie beschränken sich auf kleinste Portionen, investieren aber sehr viel Mühe und Liebe in eine fantasievolle Dekoration. Ein solches Speisenarrangement zwingt einen beinahe, sich ganz behutsam ans Essen zu machen. Diese Köstlichkeiten einfach in zwei, drei Zugriffen in sich zu schlingen, brächte kaum jemand fertig, zumal nicht im ästhetischen Ambiente eines feinen Restaurants. Erstaunlich ist aber, dass solche „mageren" Rationen, für die zu essen man sich Zeit lässt, genauso sättigen wie ein Riesenteller mit Bratkartoffeln, bis zum Rand aufgefüllt und Soße darüber.

Das Beispiel soll nur anschaulich zeigen, wie man sich eine neue Einstellung der Nahrungsaufnahme gegenüber eintrainieren kann. Und nur so – wenn man auch die kleine Schnitte Vollkornbrot mit einem Hauch von Butter und einer bescheidenen Scheibe Paprika genießen gelernt hat – wird das Essen künftig ein Ereignis im Tagesablauf und es wird ganz selbstverständlich sein, auch vermehrt zu einer ausgewogenen Kost zu finden.

Speziell für den Darm: Ballaststoffe

Der Begriff lässt an etwas Überflüssiges, Wertloses denken: Bestandteile der Nahrung, die ohne Nährwert sind und allenfalls Ballast. Und dies trifft auch zu. Ballaststoffe liefern dem Organismus keine Energie. Es sind Struktur- bzw. Stützsubstanzen von Pflanzenteilen (Zellulose, Pentosen, Lignin). Und diese pflanzlichen Rohfasern können Magen und Darm nicht aufschließen. Sie sind schlechterdings unverdaulich und werden so, wie sie aufgenommen werden, wieder aus dem Körper ausgeschieden. Früher glaubten die Ernährungswissenschaftler, dass diese für die Ernährung des Organismus ja nutzlosen Bestandteile überflüssig seien. Sie sind es aber nicht, und wer in seiner Ernährung weitgehend auf solche ballaststoffreichen Kostanteile verzichtet, schadet seinem Verdauungssystem ganz enorm.

Ballaststoffe zwingen uns zuerst einmal zum gründlichen Kauen, was für die Verwertung der Nahrung und den Beginn der Verdauungsprozedur lebensnotwendig ist. Gemüse enthält viel Ballaststoffe und jeder weiß, dass man da fleißig kauen muss im Gegensatz zu einem weichen Stückchen Baguette.

Ballaststoffreiche Ernährung wirkt positiv gegen eine Reihe von Krankheiten

Verstopfung: *Durch die erhöhte Stuhlmenge wird die Darmbewegung verstärkt und es braucht weniger Zeit, bis der Darminhalt weiterbefördert wird.*

Divertikelbildung: *Ballaststoffarmer, harter Stuhl führt zu Divertikeln. Entzündungen können die Folge sein. Ballaststoffreiche Kost verhindert eine Divertikelbildung, weil der Stuhl mengenmäßig größer ist und sich rasch weiterschiebt.*

Hämorrhoidenbildung *wird bei ballaststoffreichem Stuhl weitgehend vermieden.*

Dickdarmkrebs *wird insofern unwahrscheinlicher, als dass Ballaststoffe im Stuhl krebserregende Giftstoffe absorbieren und so deren Kontakt mit der Darmwand verringern.*

Gallensteinbildung *wird durch Verhinderung von cholesteringesättigter Gallenflüssigkeit unterbunden.*

Arteriosklerose: *Cholesterin in der Nahrung wird von den Ballaststoffen im Darm aufgenommen.*

Wichtig

Ballaststoffe sind in ihrer Wirkung sehr unterschiedlich. Man rechnet dazu Zellulose, Hemizellulosen, Pektine, Lignin, Alginate und unverdauliche Polysaccharide. Pektine und Zellulose beispielsweise nehmen sehr viel mehr Wasser auf als Zellulose, Auch spielt die Verarbeitung einzelner Produkte eine Rolle bei ihrem Wasserbindungsvermögen: Unbehandelte Weizenkleie absorbiert beispielsweise sehr viel mehr Wasser als Weizenkleie, die fein gemahlen wurde. Ebenso büßt gekochte Weizenkleie einiges ihres Wasserbindungsvermögens gegenüber unbehandelter Weizenkleie ein.

Ballaststoffe füllen Magen und Darm ordentlich aus, weil sie sich wie ein Schwamm mit Wasser füllen und so ein mächtiges Volumen bilden. Besonders im Dickdarm sorgt dies dafür, dass die Darmmuskulatur gefordert wird und ihre Bewegung die Ausscheidungssubstanz kräftig und zügig voranschickt. In einem solch prall gefüllten Darm haben Gase aus

Probieren Sie einfach einmal Teigwaren aus Vollkornprodukten. Sie schmecken großartig und sind unheimlich gesund!

dem Zersetzungsprozess wenig Platz – geringe Chancen also für eine üppige Gasbildung, das heißt für einen zu starken Druck auf die Darmschleimhaut, die sich möglicherweise an den Muskellücken nach außen stülpen könnte. Ballaststoffe wirken gegen die Divertikelbildung und wenn man schon welche hat, verringert sich so die Wahrscheinlichkeit, dass weitere entstehen können.

Ballaststoffe erhöhen das Stuhlgewicht und dies bedeutet, dass der Stuhl geschmeidig und weich ist, also weder zu hart noch zu flüssig. Daneben ernähren Ballaststoffe auch eine Reihe von Darmbakterien, die für eine funktionierende Verdauung unverzichtbar sind.

Hülsenfrüchte und Getreideprodukte sind erstrangige Ballaststoffträger. Danach folgen Gemüse und Obst. Auch Trockenfrüchte und Nüsse enthalten viele Ballaststoffsubstanzen, andererseits haben sie auch einen beträchtlichen Energiewert. (Wer abnehmen will, sollte mit Nüssen und Trockenobst sparsam haushalten, denn diese Nahrungsmittel bekommen zwar dem Darm, erschweren gleichzeitig aber auch ein reduziertes Kalorienmanagement, falls man aufs Abnehmen erpicht ist.)

Ballaststoffhaltige Nahrungsmittel bestehen natürlich nicht nur aus den für die Darmtätigkeit wichtigen energielosen Substanzen, etwas an Verwertbarem enthalten sie natürlich auch. Vollkornprodukte wie Brot, Teig- und Backwaren, Getreidespeisen, Haferflocken, Naturreis, überall sind natürlich auch Eiweiß, Stärke und Fett und wichtige Spurenelemente, Mineralstoffe und Vitamine mit im Bund. Man sieht, dass eine Vollwerternährung dem Körper fast alles gibt, was er braucht.

Viele, die zum ersten Mal Vollkornprodukte probieren, sagen, das schmecke so „gesund“. Sie meinen dies im negativen Sinn. Man muss sich aber vor Augen halten, dass man sich beispielsweise über Jahre hinweg an weißes Toastbrot gewöhnt hat und dessen Geschmack als „gut“

Ballaststoffgehalt der wichtigsten Lebensmittel*

Brot und Getreideprodukte	
Weizenmehl (Type 405)	3,2
Weizenvollkornmehl	10,0
Roggenmehl (Type 815)	6,5
Roggenvollkornmehl	13,5
Müsli	5–10,0
Haferflocken	9,5
Reis, gekocht	0,6
Vollkornreis, gekocht	1,0
Nudeln, gekocht	1,5
Vollkornnudeln, gekocht	4,5
Weißbrot	3,2
Brötchen	3,4
Mischbrote	4,8–6,0
Mehrkornbrot	8,0
Roggenvollkornbrot	8,9
Gemüse und Salate	
Gurken	0,9
Tomaten	1,3
Kohlrabi	1,5
Blattsalate	1,6–1,8
Möhren	2,9
Kohlarten	2,5–4,5
Hülsenfrüchte	4,5–7,5
Kartoffeln	1,9
Obst und Nüsse	
Wassermelonen	0,2
Weintrauben	1,6
Pfirsiche	1,7
Kirschen	1,9
Heidelbeeren	3,5
Äpfel	2,3
Trockenobst	8,0–9,5
Nüsse	6,5–9,5

* In g pro 100 g verzehrbarer Anteil

einstuft. Vollkorn-Toastbrot schmeckt anders, nicht besser und nicht schlechter, doch einfach anders. Daran muss man sich schon gewöhnen und dem neuen Geschmack bewusst eine Chance geben. Ernährungsumstellung heißt auch, sich mit seinen eigenen Vorurteilen, die aus der Macht der Gewohnheit entstanden sind, auseinander zu setzen. Und schließlich verfügen wir ja auch noch über ein Quäntchen an Verstand, der es uns ermöglicht, das Urteil „schmeckt doch nicht“ etwas überlegter zu hinterfragen und die neue Geschmacksrichtung letztendlich als genauso wohlschmeckend zu akzeptieren.

Bei Obst und Gemüse ist noch ein gewichtiger Zusatz anzubringen. Diese Delikatessen enthalten immerhin 75–95 Prozent an Wasser. Der Rest sind jene Ballaststoffe und dazu gehören noch viele lebensnotwendige Substanzen wie Vitamine, Mineralstoffe und Spurenelemente. Man braucht nicht viel davon, aber man braucht sie. Wer ausreichend Gemüse und Obst isst, hat alles, was die biochemischen Abläufe im Körper benötigen. Und außerdem kann man bei Obst und Gemüse ohne Gewissensbisse zulangen. Sie machen nicht dick, aber sie schmecken herrlich. Für den kleinen Hunger zwischendurch sind sie geradezu ideal, auch wenn die Konsumwerbung diverse Milch- und Schokoriegel als einzig wertvoll apostrophiert. Kein Kräcker, kein Müsliriegel kann es mit einem knackigen, saftigen Apfel, einer Tomate oder einer Birne aufnehmen!

Kreative Rezepte

Um ballaststoffreiche Gerichte zuzubereiten, braucht man kein spezielles Kochbuch. Wer einmal begriffen hat, um was es geht: welchen Nahrungsbestandteilen vornehmlich Achtung zu schenken ist, hat keine Probleme, seinen Fantasien in der Küche freien Lauf zu lassen.

Gleichwohl haben wir einige Rezepte ausgesucht und präsentieren Sie Ihnen auf den folgenden Seiten. Diese Rezepte sollen Anregung sein, Ideen liefern, Ihre Fantasie beflügeln – Ihnen Mut und Appetit machen auf das, was Sie sich für Ihre Ernährungsumstellung alles an Schmackhaftem zubereiten können.

Frühstück

Früchtemüsli

Zutaten für eine Portion:

$^1/_2$ Apfel
$^1/_2$ Apfelsine
$^1/_2$ Banane
3 EL grobe Haferflocken
5 Haselnüsse
1 EL Rosinen
$^1/_2$ Becher Joghurt
$^1/_8$ l Milch
1 TL Sesamsamen

- Den Apfel waschen, die Apfelsine und die Banane schälen, dann alles Obst klein schneiden.
- Die Haferflocken, die blättrig geschnittenen Haselnüsse und die Rosinen untermischen und in eine Schale geben.
- Den Joghurt mit der Milch glatt rühren und darüber gießen. Zum Schluss die Sesamsamen anrösten und über das Müsli streuen.

Frischkornmüsli

Zutaten für eine Portion:

2–3 EL Weizen, geschrotet
3 EL Sauer- oder Buttermilch
3 EL Milch
1 Apfel
1 EL gehackte Haselnüsse
1 TL Honig
frisches oder getrocknetes Obst nach Belieben

- Das geschrotete Getreide mit der Sauermilch zu einem dicken Brei verrühren und über Nacht im Kühlschrank quellen lassen.

- Die Milch unterrühren, den Apfel waschen, schälen, klein schneiden und mit den Haselnüssen unter das Müsli rühren.
- Das Müsli je nach Geschmack mit Honig süßen und mit weiterem frischem oder getrocknetem Obst verfeinern.

Weizenschrotmüsli

Zutaten für eine Portion:
40 g Weizen oder Dinkel, frisch geschrotet
100 ml Wasser
1 EL Rosinen
1/2 Becher Joghurt
1 EL geschlagene Sahne

1 klein geschnittener Apfel
frisches Obst je nach Saison
2 EL geriebene Haselnüsse
1 EL Sonnenblumenkerne
1 TL Honig

- Den Weizen oder Dinkel am Vorabend schroten und mit Wasser verrühren. Die Rosinen zugeben und über Nacht zugedeckt im Kühlschrank stehen lassen.
- Am nächsten Tag die übrigen Zutaten nach Belieben untermengen und mit Honig versüßen.
- Dazu passt vorzüglich eine Scheibe Vollkornbrot mit etwas Edamer.

Möhren-Apfel-Frischkost

Zutaten für eine Portion:
1 Möhre
1 kleiner Apfel
1 EL Rosinen
2–3 EL Joghurt
1 TL Zitronensaft
1 Scheibe Grahambrot
1 TL Margarine
1 Scheibe Emmentaler (45 % F. i. Tr.)

- Die Möhre und den Apfel waschen, schälen, raspeln. Die Rosinen ebenfalls waschen, abtropfen lassen und zu Möhre und Apfel geben.
- Eine Soße aus dem Joghurt und dem Zitronensaft herstellen und mit der Frischkost mischen.
- Dazu gibt es eine Scheibe Grahambrot, mit Margarine bestrichen und mit Emmentaler belegt.

Haselnuss-Pfannkuchen

Ein sehr leckeres, sättigendes und durch die Nüsse und den Maisgrieß auch ballaststoffreiches Frühstück ist dieser Pfannkuchen, den Sie mit Butter und Honig – oder auf typisch amerikanische Art mit Ahornsirup – bestreichen können.

Zutaten für vier Personen:
250 g Haselnüsse
40 g Maisgrieß
1 Prise Salz
1 EL Honig oder Ahornsirup
1–2 EL Öl zum Anbraten

- Schneiden Sie die Haselnüsse klein, geben Sie sie in einen Topf mit einem halben Liter siedendem Wasser und garen Sie sie etwa eine halbe Stunde lang. (Sie müssen weich sein.) Fügen Sie den Maisgrieß, das Salz und den Ahornsirup oder Honig hinzu, vermischen Sie alles gut miteinander und formen Sie mit der Hand flache Fladen daraus.
- Braten Sie die Haselnuss-Pfannkuchen in einer beschichteten Pfanne in dem Öl von beiden Seiten an, bis sie schön goldbraun sind.

Snacks

Käsekugeln mit Sonnenblumenkernen

Eine leckere Zwischenmahlzeit mit einer schmackhaften Portion Ballaststoffen in Form von Sonnenblumenkernen

Zutaten für 20 Kugeln:
je 1/2 rote, gelbe und grüne Paprika
1 Bund Schnittlauch, 1 Bund Estragon
500 g Frischkäse
10 EL geröstete Sonnenblumenkerne
Pfeffer, Pumpernickel, Salatblätter

- Den Paprika in Streifen schneiden und würfeln. Die Kräuter hacken, mit dem Käse vermischen, abschmecken und kleine Kugeln formen.
- Diese Kugeln dann in den gerösteten Sonnenblumenkernen wälzen.
- Zum Anrichten grüne Salatblätter auf die kleinen runden Pumpernickelscheiben legen, die halbierten Käsekugeln kommen darauf.

Salate

Chicorée-Salat mit Rohkost

Zutaten für vier Personen:
4–6 Stangen Chicorée
2–3 größere Äpfel
3 Apfelsinen
6 EL Soja-Creme oder süße Sahne
2 TL Zucker
4 EL geriebene Haselnüsse
Salz nach Geschmack, 10 EL Haferflocken

- Zuerst den Chicorée säubern, waschen, den Strunk herausschneiden. Dann die Äpfel und die Apfelsine schälen. Alles fein schneiden und mit Zitronensaft beträufeln. Dann kommt noch die Sahne bzw. Soja-Creme dazu. Mit Zucker und Salz abschmecken. Schließlich die Haselnüsse und die Haferflocken darunter mengen.
- Anrichten kann man diesen Salat in einer halben ausgehöhlten Apfelsinenschale oder in einem Chicoréeblatt. Sofort servieren.

Fruchtiger Krautsalat

Kohl und Trockenobst wie beispielsweise getrocknete Aprikosen sind besonders ballaststoffreich. Die Zutaten für diesen Krautsalat sind so berechnet, dass er – mit etwas Vollkornbrot gegessen – durchaus ein vollwertiges Abendessen ergibt. Wenn Sie ihn als Vorspeise oder Beilage genießen möchten, reduzieren Sie die Mengen entsprechend.

Zutaten für vier Personen:
4 Mohrrüben
1/4 Weißkohl
2 Stangen Sellerie
1 Zwiebel
6 getrocknete Aprikosen
6 EL Rosinen
2 EL Mayonnaise
2 EL fettarmer Joghurt
frische Kräuter
Salz, schwarzer Pfeffer (frisch gemahlen)

- Raspeln Sie die Mohrrüben, schneiden Sie den Kohl in feine Streifen und die Selleriestangen in Scheiben. Die Zwiebel und die getrockneten Aprikosen werden ebenfalls zerkleinert.
- Nun geben Sie Kohl, Sellerie, Mohrrüben, Aprikosen und Rosinen in eine Schüssel und vermengen Sie sie gut miteinander.
- Rühren Sie in einer kleinen Schale das Dressing aus Mayonnaise, Joghurt, Zwiebelwürfeln, klein gehackten Kräutern, Salz und Pfeffer an. Vermischen Sie das Dressing mit dem Salat und stellen Sie ihn für ein bis zwei Stunden in den Kühlschrank, bevor Sie ihn servieren.

Fitness-Salat New York

Zutaten für sechs Portionen:
25 g Sonnenblumenkerne zum Keimen
200 g gemischter Blattsalat (z. B. Lollo rosso, Spinat, Radicchio)
1 kleine Kohlrabiknolle
2 junge Möhren
5 Radieschen
4 EL Kräuteressig
Salz, schwarzer Pfeffer
1 TL Senf
6 EL Sonnenblumenöl, 50 g Sonnenblumenkerne

THE
YORKER
Price $1.75

- Die Sonnenblumenkerne 3 Tage keimen lassen. Dazu in ein Glas geben und mit lauwarmem Wasser bedeckt etwa 4 Stunden einweichen. Über die Öffnung des Glases ein Stück Verbandmull legen und rundherum gut festbinden. Glas umstülpen, damit das Wasser vollkommen ablaufen kann, Sonnenblumenkerne an einem hellen Ort bei Zimmertemperatur 3 Tage lang keimen lassen und täglich 10 Minuten wässern. Damit die Samen nicht schimmeln, das Wasser immer vollständig ablaufen lassen.
- Dann die Keimlinge kalt abspülen und abtropfen lassen. Den Salat waschen, ebenso den Kohlrabi, diesen dann in Streifen schneiden. Die Möhren waschen und putzen, dann in Scheibchen schneiden. Die Radieschen putzen und in Stifte schneiden. Das klein geschnittene Gemüse und die Keimlinge in eine Schüssel geben.
- Das Dressing rühren und mit dem Salat mischen und in einem Radicchioblatt auf Lollo rosso anrichten.
- Mit gerösteten Sonnenblumenkernen bestreuen und mit Spinatblättern garnieren.

Knuspriger Apfelsalat

Zutaten für vier Portionen:

3 Äpfel
2 Bananen
3 kleine Stangen Bleichsellerie
2 Frühlingszwiebeln
150 g Frühstücksschinken
1 EL Zitronensaft
1 TL abgeriebene Zitronenschale
1/2 Bund Schnittlauch
1/2 Bund Petersilie
2 EL Apfelessig
4 EL Pflanzenöl
Salz
Pfeffer aus der Mühle
50 g gehackte Haselnüsse

- Den Frühstücksschinken klein würfeln, in einer Pfanne knusprig braten, auf Küchenpapier abtropfen lassen. Die Äpfel waschen, halbieren, das Kerngehäuse entfernen, in Stücke schneiden. Die Bananen in Scheiben, den Bleichsellerie in Stücke, die Frühlingszwiebeln in Ringe schneiden. Alles in eine Schüssel geben und mit dem Zitronensaft und der Zitronenschale vermischen.
- Den Schnittlauch und die Petersilie fein hacken, mit den Schinkenwürfeln unter die Salatzutaten geben. Zum Schluss den Essig mit dem Öl verrühren, mit Salz und Pfeffer abschmecken und über den Salat geben.
- Vor dem Servieren mit den Haselnüssen bestreuen.

Suppen und Eintöpfe

Tomatensuppe

Ballaststoffe sollte man immer zusammen mit viel Flüssigkeit zu sich nehmen. Insofern ist diese Suppe eine praktische Flüssigkeitsgrundlage: Die Zerealien als Ballaststoffe ersetzen die sonst üblichen Croûtons.

Zutaten für vier Personen:
1 kleine Zwiebel
1 Knoblauchzehe
1 Stange Bleichsellerie
700 g vollreife Tomaten
1 EL Olivenöl
$^3/_4$ l Gemüsebrühe
1 EL Tomatenmark
4 Zweige Thymian
1 Prise Jodsalz
frisch gemahlener schwarzer Pfeffer
1 Bund Basilikum
50 g Zerealien (z. B. Kellogg's All-Bran plus)

- Zwiebel und Knoblauchzehe fein hacken. Bleichsellerie und Tomaten klein schneiden. Zwiebel und Knoblauch im heißen Öl glasig dünsten. Tomaten und Bleichsellerie dazugeben und kurz mit dünsten. Gemüsebrühe dazugießen. Tomatenmark und Thymian dazugeben. Alles mit etwas Pfeffer würzen und etwa 30 Minuten köcheln lassen.
- Anschließend die Suppe durch ein Sieb passieren. Die Suppe noch etwas köcheln lassen und mit Salz und Pfeffer abschmecken. Basilikumblätter in feine Streifen schneiden. Die Suppe auf vier Suppenteller verteilen, mit Basilikum und den Zerealien bestreuen und sofort servieren.

Gemüseeintopf

Im Grunde können Sie für diesen Gemüseeintopf fast alle Gemüsesorten verwenden. Statt Kamut kann man auch anderes Getreide verwenden.

Zutaten für vier Personen:
100 g Kamut
300 g Kartoffeln
200 g Mohrrüben
200 g Lauch
2 EL Sonnenblumenöl
1 1/2 l Gemüsebrühe
2 Lorbeerblätter
4 Nelken
4 Pfefferkörner
Jodsalz, frische Kräuter wie Petersilie, Schnittlauch oder Kerbel

- Das Getreide über Nacht einweichen. Am nächsten Tag in der Gemüsebrühe garen, bis die Körner weich sind.
- Kartoffeln und Mohrrüben waschen, schälen und in Stücke schneiden. Gemüse und Kartoffeln in einem Topf in Sonnenblumenöl andünsten und mit der Brühe auffüllen. Lorbeerblätter, Nelken, Pfefferkörner dazugeben und aufkochen. Etwa 15–20 Minuten garen.

- Zum Schluss die aufgequollenen Getreidekörner dazugeben. Eventuell mit noch etwas Brühe auffüllen. Mit Salz abschmecken und mit den gehackten frischen Kräutern bestreuen.

Hauptgerichte

Grießplätzchen auf Porreesoße

Eine zarte, leckere Versuchung, die beweist, mit welcher Fantasie man sich ans Kochen für die ausgewogene Ernährung machen kann.

Zutaten für vier Personen:
Für die Grießplätzchen:
75 g Butterschmalz
200 g Hartweizengrieß
2 Eier, 100 g geriebener Parmesankäse, 1 TL Salz
Für die Soße:
4 Porreestangen
2 Päckchen Tomatenpüree mit Stücken (à 370 g)
Pfeffer, Zucker, Oregano

- Für die Grießplätzchen 500 ml Wasser mit Salz und 20 g Butterschmalz aufkochen, dann den Grieß einstreuen und eine Minute unter Rühren kochen lassen. Sobald alles etwas abgekühlt ist, rührt man den Parmesankäse und die Eier ein.
- Für die Soße: die Porreestangen putzen und waschen, dann in Scheiben zerteilen. Diese in 25 g Butterschmalz unter Rühren 5 Minuten dünsten. Dann Tomatenpüree, Pfeffer, Zucker und Oregano zugeben. Einmal aufkochen lassen, dann mit geschlossenem Deckel 5 Minuten dünsten.
- Aus der Grießmasse flache Plätzchen formen und im übrig gebliebenen Butterschmalz braten, bis sie schön knusprig sind. Die Plätzchen auf der Porreesoße anrichten. Einige Porreeringe dekorativ darüber streuen.

Birnengratin

Dieses Gericht lässt sich als Hauptgericht oder Zwischenmahlzeit verwenden. Vollkorngetreide und Obst liefert wegen seiner Kohlenhydrate reichlich Energie und lässt die Leistungskurve wieder steigen, wenn sie einmal am Nachmittag abfällt. Über den Ballaststoffanteil freut sich der Darm.

Zutaten für vier Personen:
2 große Birnen (ca. 500 g)
Saft von 1/2 Zitrone
2 Eier
etwas abgeriebene Schale einer unbehandelten Zitrone
1/2 TL Zimtpulver
1 Päckchen Vanillezucker
50 g Butter
100 g Zerealien (z. B. Kellogg's All-Bran flakes)
1 TL Backpulver
2 EL geriebene Haselnüsse

- Den Backofen auf 180 °C vorheizen. Die Birnen in kleine Stücke schneiden und mit dem Zitronensaft mischen. Die Eier zusammen mit der Zitronenschale, dem Zimtpulver und dem Vanillezucker in einem Mixer schaumig schlagen. Die Butter schmelzen und dann wieder leicht abkühlen lassen. Butter, Cornflakes, Backpulver, Nüsse und Birnen unter die Eiermasse heben. Das Ganze in eine gefettete Auflaufform geben und etwa 45 Minuten backen lassen.
- Dazu passt sehr gut eine Vanillesoße oder ein cremig gerührter Quark, der mit Vanille und Zitronensaft abgeschmeckt wird.

Kuskus mit Ragout aus Gemüse

Ein leckeres Gemüseragout mit hohem Ballaststoffgehalt, das auch dem Ungeübten problemlos gelingt.

Zutaten für vier Personen:
Für den Kuskus:
250 g Maisgrieß
Salz
glatte Petersilie
Für das Ragout:
1 Aubergine
jeweils 1 gelbe und eine rote Paprikaschote
1 große Möhre
1 große Zwiebel
2 EL Sonnenblumenöl
1 Packung Tomatenmark in Stückchen
50 g Rosinen
100 g Haselnüsse
schwarzer Pfeffer

- Den Kuskus herstellen, indem man mit 500 ml kochendem Wasser den Maisgrieß übergießt. Etwa eine halbe Stunde zugedeckt quellen lassen, bis die ganze Flüssigkeit von der Masse aufgesaugt ist.
- Petersilie waschen und fein hacken. Die Hälfte davon in die Kuskusmasse mischen, dann den Kuskus auf einer Holzplatte ausbreiten und im Ofen bei 50 °C zugedeckt warm stellen.
- Aubergine waschen, putzen und würfeln. Ebenso die Paprikas waschen, putzen und in Streifen schneiden, dann die Möhre schälen und in Scheiben schneiden. Die Zwiebel schälen, fein hacken und in einer Pfanne mit etwas Öl dünsten, bis sie glasig sind. Dann das Gemüse in die Pfanne geben, salzen und pfeffern. Etwa 10 Minuten dünsten. Erdnüsse zerdrücken und mit den Rosinen in die Pfanne geben. Dann kommen die Tomatenstückchen samt -saft dazu. Die Reste der Petersilie dazugeben und alles weitere zehn Minuten bei kleiner Hitze garen. Die Gemüsemischung auf dem Kuskus anrichten.

Kartoffelwaffeln

Dieses neuartige Gericht erfüllt die Forderung der Ernährungswissenschaftler nach mehr Getreide, Kartoffeln, Gemüse und Obst. Die Kartoffelwaffeln schmecken fantastisch und enthalten viele Ballaststoffe und sind sehr fettarm.

Zutaten für vier Personen:
1 mittelgroße Zwiebel
800 g fest kochende Kartoffeln
2 Eier
1 EL Mehl
Jodsalz, frisch gemahlener schwarzer Pfeffer
etwas geriebene Muskatnuss
80 g Zerealien
1 EL Butter

- Die Zwiebeln schälen und sehr fein hacken. Die Kartoffeln waschen, schälen und fein raspeln. Zwiebel, Kartoffeln, Eier und Mehl gut mischen und die Masse mit Salz, Pfeffer und Muskat abschmecken. Die Cerealien unter die Kartoffelmasse geben.
- Das Waffeleisen erhitzen und mit etwas Butter einpinseln. Die Waffeln bei höchster Temperaturstufe nacheinander backen, dabei das Waffelseisen immer etwas einfetten.
- Wer Kartoffelpuffer mag, sollte diese Waffeln einmal versuchen. Sie schmecken sehr gut und sind nicht nur ballaststoffreicher, sondern wesentlich fettärmer als die traditionellen Puffer. Wichtig ist jedoch, die Waffeln bei der höchsten Temperaturstufe zu backen, sonst werden sie nicht knusprig. Kartoffelwaffeln schmecken sowohl mit herzhafter als auch mit süßer Beilage. Zusammen mit Kräuterquark sind sie auch eine leichte, kleine Mahlzeit, mit Apfelmus passen sie zum Nachtisch.

Quinoa-Auflauf mit Pfirsich

Dieses Gericht eignet sich hervorragend als süße Hauptspeise. Man kann es aber auch als Dessert verwenden. Quinoa bekommen Sie im Reformhaus. Es ist ein altes Getreide, das die Indios kultivierten. Es wird heute wieder vermehrt in Peru, Bolivien, Ecuador, Argentinien und Chile angebaut.

Zutaten für vier Personen:
200 g Quinoa
1/2 l fettarme Milch
3 EL Honig
1 TL Zitronensaft
2 Eiweiß
1 Eigelb
800 g Pfirsiche

- Quinoa zuerst gut waschen und abtropfen lassen. Dann in der Milch aufkochen und mit halb geöffnetem Deckel bei geringer Hitze etwa 30 Minuten gar kochen.

- Honig und Zitronensaft unter die noch warme Quinoamasse rühren und erkalten lassen. Dann die steif geschlagenen Eiweiß unterheben.
- Eine Auflaufform mit etwas Butter ausstreichen und die Pfirsichhälften hineinlegen. Die Quinoamasse über die Pfirsiche geben und mit dem verquirlten Eigelb leicht bestreichen.
- Im vorgeheizten Backofen bei 200 °C etwa 20 Minuten backen. Wenn die Oberfläche zu schnell dunkel wird, mit etwas Aluminiumfolie abdecken.

Quinoaterrine

Zutaten für vier Personen:
200 g Quinoa
400 ml Sauerkrautsaft aus dem Reformhaus
2 Fleischtomaten
1 Mangold
1 Prise Salz
100 g Schafskäse
100 g Sauerrahm (10 % Fett)
2 Eier
1 Bund Basilikum

- Quinoa in einem Topf trocken anwärmen, dann mit Sauerkrautsaft übergießen und bei kleiner Hitze eine Viertelstunde quellen lassen.
- Inzwischen die Tomaten mit kochend heißem Wasser überbrühen. Sobald die Haut reißt, herausheben und die Haut abziehen. Die Kerne entfernen und das Fruchtfleisch in Würfel schneiden. Die Mangoldblätter vom Strunk brechen und waschen. Die Stiele herausschneiden und die Blätter in kochendem Salzwasser blanchieren. Dann abtropfen lassen. Eine kleine Kastenform mit Mangoldblättern auslegen und diese fest andrücken.
- Den Schafskäse mit Sauerrahm, Eier und den abgezupften Basilikumblättern mit dem Pürierstab fein zermusen, dann die Quinoa unterheben.

- Die Masse in die vorbereitete Form füllen und fest andrücken, damit keine Luftblasen entstehen. Mit den übrigen Mangolblättern abdecken und eine Alufolie über die Form spannen, blanke Seite nach innen. Die Kastenform im vorgeheizten Backofen bei 180 °C ungefähr 50 Minuten garen. In der Form 10 Minuten ruhen lassen, dann erst stürzen.

Rosenkohltorte

Zutaten:
1 Paket Blätterteig (300 g)
1 kg Rosenkohl
200 g Kasseler
2 Bund Petersilie
3 Eier
$^1/_4$ l Milch
$^1/_8$ l Sahne
Salz, Pfeffer, Muskat
150 g Allgäuer Emmentaler, gerieben
Mehl zum Ausrollen

- Den Blätterteig auftauen lassen. Den Rosenkohl putzen, waschen, dann in Salzwasser 3 Minuten blanchieren und abtropfen lassen.
- Das Kasseler in Würfel schneiden. Die Petersilie waschen, trockenschütteln und hacken.
- Den Blätterteig ausrollen. Die mit kaltem Wasser ausgespülte Backform mit einem Durchmesser von etwa 26 cm damit auslegen. Die überstehenden Teigränder wegschneiden.
- Eier verquirlen, Milch und Sahne dazugießen, Petersilie darunter rühren, mit Salz, Pfeffer und Muskat kräftig würzen. Rosenkohl und Kasseler in der Form verteilen. Die Eiermilch darüber gießen. Mit dem geriebenen Käse bestreuen. Im vorgeheizten Backofen bei 200 °C auf der mittleren Schiene ca. 40 Minuten backen.

Gefüllte Buchweizen-Pfannkuchen

Wer vegetarische Kost vorzieht, kann auch auf die im Rezept angegebene Hackfleischfüllung einfach verzichten.

Zutaten für vier Personen:
50 g Buchweizenmehl
50 g Amaranthmehl
2 Eier
1/2 TL Jodsalz
200 ml Mineralwasser
1 EL Sonnenblumenöl
2 Zwiebeln (60 g)
400 g gemischtes Hackfleisch
200 g Champignons
Jodsalz, Pfeffer

- Buchweizen- und Amaranthmehl in eine Schüssel geben. Eier, Salz und Mineralwasser dazugeben und alles verquirlen.
- Diesen Teig zugedeckt etwa 30 Minuten quellen lassen. Die Zwiebeln hacken. Ein El Öl in einer Pfanne erhitzen und die Zwiebelwürfel darin glasig dünsten. Das Hackfleisch dazugeben und mitbraten. Die Pilze putzen und blättrig schneiden, zu dem Fleisch geben und kurz mitbraten. Mit Jodsalz, Pfeffer und Crème fraîche abschmecken.
- Petersilie waschen, hacken und darüber streuen.
- Aus dem Teig vier Pfannkuchen in dem zweiten EL Sonnenblumenöl backen, die Hackfleischfüllung auf die zweite Hälfte der Pfannkuchen geben, die andere Hälfte darüber schlagen und heiß servieren.

Reisgericht mit Huhn und Gemüse

Wenn Sie Fleisch stets mit viel Gemüse kombinieren, können Sie sicher sein, dass Sie Ihrem Körper genügend Ballaststoffe zuführen. Falls Ihnen die Chilischote zu scharf ist, können Sie stattdessen auch Chilipulver verwenden.

Zutaten für vier Personen:
1 Zwiebel
2 Stangen Sellerie
1–2 Knoblauchzehen
1 kleine Chilischote
1 Tasse Reis
2 Tassen Hühnerbrühe
250 g Hühnerbrust, in Würfel geschnitten
1 Dose (400 g) rote Kidney-Bohnen
300 g Mais (tiefgefroren oder aus der Dose)
10 kleine Brokkoliröschen
1 Bund Petersilie
Salz, schwarzer Pfeffer, frisch gemahlen

- Schneiden Sie die Zwiebel in Würfel und die Selleriestangen in Stücke und zerdrücken Sie die Knoblauchzehen.
- Die Chilischote wird längs aufgeschnitten, sorgfältig entkernt und fein zerkleinert.
- Geben Sie Reis, Zwiebelwürfel, Knoblauch, Sellerie- und Chilistücke in einen Topf, gießen Sie die Brühe dazu und lassen Sie alles aufkochen und anschließend 15 Minuten köcheln. (Wenn Sie möchten, können Sie das Ganze auch noch mit einem Schuss Weißwein verfeinern.) Nun fügen Sie die Hühnerwürfel, die Bohnen und den Mais hinzu und lassen das Gericht noch 20 Minuten kocheln.
- Währenddessen garen Sie die Brokkoliröschen 5 Minuten lang in kochendem Wasser, gießen Sie sie ab und rühren Sie sie zusammen mit der zerkleinerten Petersilie in den Eintopf hinein. Schmecken Sie ihn mit Salz und Pfeffer ab und servieren Sie ihn.

Schellfisch mit Schnittlauch-Senf-Soße und Sonnenblumenkernen „Riverside“

Zutaten für eine Portion:

1 Scheibe Schellfisch (150 g)
Zitronensaft
Wasser
2 EL Crème fraîche
2 TL Fischfond oder Gemüsebrühe
1 TL Senf
Salz, Pfeffer
2 EL Schnittlauchröllchen
1 Bund Radieschen
2–3 kleine neue Kartoffeln

- Den Schellfisch waschen, trockentupfen und mit etwas Zitronensaft beträufeln. Dann in Wasser etwa 10 Minuten gar ziehen lassen.
- Die Sonnenblumenkerne in einer beschichteten Pfanne ohne Fett rösten.
- Die Crème fraîche mit dem Fond erhitzen und gut verrühren. Den Senf unterziehen. Mit Salz und Pfeffer würzen. Zuletzt den Schnittlauch und 1 EL geröstete Sonnenblumenkerne unterrühren, kurz mit erhitzen. Die Radieschen putzen, waschen, raspeln und mit den restlichen Sonnenblumenkernen vermischen. Mit etwas Zitronensaft und Salz würzen. Den Schellfisch mit der Schnittlauch-Senf-Soße anrichten. Dazu Pellkartoffeln und die Radieschenrohkost essen.

Lamm-Kuskus mit Gemüse

Das viele Gemüse und der Kuskus (man kann stattdessen auch Bulgur verwenden) liefern reichlich Ballaststoffe, über die sich Ihr Darm freuen wird.

Zutaten für vier Personen:
400 g mageres Lammfilet
2 EL Vollkornweizenmehl
1 kleine Zwiebel
1–2 Knoblauchzehen
1 große rote Paprika
4 Tomaten
4 Mohrrüben
Sonnenblumenöl zum Anbraten
1 Tasse Lamm- oder Gemüsebrühe
2 Zucchini
4 Champignons
1 Dose (400 g) rote Kidney-Bohnen
4 EL Rosinen
Salz, schwarzer Pfeffer (frisch gemahlen)
1 Prise Koriander (gemahlen)
1 Prise Kumin, 1 Prise Chilipulver
200 g Kuskus

- Schneiden Sie das Lammfilet in kleine Würfel und wälzen Sie sie in dem Mehl. Schneiden Sie die Zwiebel klein und zerdrücken Sie die Knoblauchzehen. Paprika und Tomaten werden in Würfel, die Mohrrüben in Scheiben geschnitten.
- Erhitzen Sie in einer großen beschichteten Pfanne das Öl und geben Sie Zwiebelwürfel, Lammfleisch, Knoblauch und Paprikawürfel hinein. Braten Sie das Ganze 5 Minuten lang unter häufigem Umrühren an.
- Nun werden die Brühe und die zerkleinerten Tomaten und Mohrrüben hinzugefügt. Lassen Sie alles aufkochen und dann bei kleiner Hitze eine halbe Stunde lang garen. Rühren Sie dabei gelegentlich um.

- Währenddessen schneiden Sie die Zucchini und die Champignons in Scheiben. Geben Sie Zucchini, Pilze, Bohnen und Rosinen in die Pfanne und garen Sie das Ganze noch einmal ungefähr eine halbe Stunde lang, bis Fleisch und Gemüse zart sind. Schmecken Sie den Eintopf mit den Gewürzen ab.
- Nun bringen Sie 500 ml Wasser mit einer Prise Salz zum Sieden, rühren Sie den Kuskus hinein, decken Sie ihn zu und nehmen Sie ihn vom Feuer. Lassen Sie den Kuskus eine Viertelstunde lang ausquellen. Dann verteilen Sie ihn auf vier Teller und geben Sie den Fleisch-Gemüse-Eintopf darüber.

Gemüse-Lasagne mit Sonnenblumenkernen

Zutaten für vier Personen:
40 g Butter
30 g Vollkornweizenmehl
$^1/_2$ l Milch
200 g Gorgonzola-Käse
Salz, weißer Pfeffer
250 g Tomaten
250 g Stangensellerie
2 mittelgroße Zwiebeln
2 EL Sonnenblumenöl
500 g Spinat
200 g Champignons
1 Packung Vollkorn-Lasagne-Platten (250 g)
50 g Sonnenblumenkerne

- Butter zergehen lassen, Mehl darin anschwitzen, Milch einrühren und den Käse darin schmelzen. Anschließend die Soße würzen.
- Tomaten und Sellerie putzen, waschen und in Scheiben schneiden. Zwiebeln schälen, schneiden, hacken und mit Sellerie in 1 EL heißem Öl dünsten. Spinat verlesen und waschen. Pilze putzen, hacken und im restlichen Öl anbraten. Den Spinat zufügen, zusammenfallen lassen und anschließend würzen.

- Den Boden der Auflaufform mit etwas Soße bedecken. Lasagneplatten, Tomaten, Sellerie, Soße und Pilz-Spinat-Gemüse abwechselnd einschichten. Mit Lasagne und Soße abschließen.
- Die Sonnenblumenkerne darüber streuen und im vorgeheizten Backofen bei 200 °C 45–50 Minuten backen.

Vollkornspaghetti-Bratling mit Paprikasoße

Zutaten für vier Personen:
Für den Bratling:
200 g Vollkornspaghetti
100 g zarte Haferflocken
$^1/_4$ l Wasser
Gemüsebrühe
100 g Butterkäse (60 % Fett i. Tr.)
100 g Ricotta
10 g Butter
1 Zwiebel
Für die Soße:
2 Fleischtomaten
400 g Brokkoli
20 g Butter
40 g Sesam (ungeschält)
Salz, Pfeffer
400 g gelbe Paprika
1 Zwiebel
$^1/_{16}$ l Sahne
1 EL Weizenmehl (Type 405)
Meersalz, Gemüsebrühe
$^1/_{16}$ l Wasser

- Für die Nudeln 3 l Salzwasser aufsetzen. Zwiebeln schälen und würfeln. Spaghetti ins kochende Wasser geben und 7 Minuten garen. Zwiebeln in 10 g Butter andünsten und gut $^1/_4$ l Wasser, Haferflocken und Gemüsebrühe hinzufügen und auf ausgeschalteter Kochplatte 5

Nudeln
machen
glücklich

Minuten quellen lassen, abschmecken. Brokkoli in Röschen zerteilen. Fleischtomaten und Brokkoliröschen 3 Minuten blanchieren und abschrecken. Tomaten aushöhlen und mit Brokkoli füllen. Die Brokkolitomate mit Salz und Pfeffer würzen und mit 10 g Butterflöckchen besetzen.

- Paprika putzen, waschen und zerkleinern. Restliche Zwiebelwürfel mit 10 g Butter andünsten, mit Mehl bestäuben, Sahne und $^1/_{16}$ l Wasser angießen. Das Ganze etwa 5 Minuten bei mittlerer Hitze kochen lassen und pürieren. Die Soße durch das Sieb streichen und abschmecken.
- Die Hafermasse vorsichtig mit den Spaghetti verkneten und 12 gleich große Stücke formen. Die Bratlinge in den Semmelbröseln wenden und anbraten. Anschließend eine Mulde in die Mitte drücken, mit Ricotta füllen und mit Butterkäse überbacken. Zwischenzeitlich Tomaten im Backofen erhitzen, alle Zutaten erwärmen und anrichten. Den Sesam in der trockenen Pfanne anrösten. Die Petersilie waschen und hacken. Die Bratlinge mit Petersilie und die Brokkolitomaten mit geröstetem Sesam bestreuen.

Indisches Linsengericht

Hülsenfrüchte sind sättigend und sehr reich an Ballaststoffen. Genießen Sie dieses exotisch-würzige Linsengericht!

Zutaten für vier Personen:
2 Tassen Linsen
4 Zwiebeln
4 Knoblauchzehen
2 TL Salz, 1 TL Pfeffer
4 TL Koriander
4 TL Kreuzkümmel
Öl zum Anbraten

- Weichen Sie die Linsen über Nacht in 4 Tassen Wasser ein und garen Sie sie dann im selben Wasser, sodass ein sämiger Brei entsteht.

- Inzwischen schneiden Sie die Zwiebeln klein und zerdrücken Sie die Knoblauchzehen. Braten Sie Zwiebeln, Knoblauch und Gewürze in etwas Öl einer beschichteten Pfanne an, rühren Sie sie in den Linsenbrei hinein und lassen Sie das Ganze noch einmal zwei bis drei Minuten kochen.
- Wenn das Gericht zu trocken werden sollte, können Sie etwas Wasser oder Milch hineingeben.

Desserts und Gebäck

Zitronenquark

Diese Speise enthält bereits ein Drittel der empfohlenen Ballaststoffmenge für einen Tag, ist aber äußerst fett- und cholesterinarm. Auch als ideale Zwischenmahlzeit zu verwenden.

Zutaten für vier Personen:
1 unbehandelte Zitrone
500 g Magerquark
80 ml fettarme Milch
2 EL Zucker
2 Pfirsiche
1 kleine Banane
200 g Erdbeeren
100 g Zerealien aus Weizenkleie (z. B. Kellogg's All-Bran plus)
2 EL Krokant

- Von der Zitrone etwas Schale abreiben, die Zitrone auspressen. Zitronenschale, Quark, Milch, die Hälfte des Zuckers und des Zitronensaftes verrühren. Die Früchte in kleine Stücke schneiden, mit dem restlichen Zitronensaft und Zucker mischen. Den Obstsalat auf vier Gläser verteilen. Den Zitronenquark darüber geben. Die Zerealien mit dem Krokant mischen und über den Quark streuen. Anstelle der Pfirsiche kann man zwei Aprikosen oder eine Mango nehmen.

Joghurt-Becher mit Amaranth

Diesen leckeren Nachtisch kann man auch mit vielen anderen Früchten wie Erdbeeren, Kirschen, Aprikosen oder Weintrauben variieren.

Zutaten für vier Personen:
500 g fettarmer Joghurt, natur
2 EL Honig
1 TL Zitronensaft
600 g Erdbeeren oder andere frische Früchte
4 EL gepoppte Amaranthkörner (10 g)
$^1/_8$ l Sahne, geschlagen

- Den Joghurt mit Honig glatt rühren und Zitronensaft zugeben. Die Hälfte der Früchte pürieren und unter den Joghurt ziehen. Die andere Hälfte vierteln und ebenfalls unterrühren. Einige Früchte zum späteren Verzieren zurückhalten.
- Gepoppte Amarantkörner und geschlagene Sahne unter die Masse heben und in vier Schalen füllen.

Bananenkuchen

Dieser Kuchen enthält viele Ballaststoffe und Kohlenhydrate aus den Bananen und dem Getreide.

Zutaten für zehn Stückchen:
3 Eier
150 g Zucker
1 Päckchen Vanillezucker
150 g weiche Butter
1 Päckchen Backpulver
200 g Weizenmehl (Type 405)
3 Bananen
250 g Quark (10 % Fett i. Tr.)
100 g Zerealien
(z. B. Kellogg's All-Bran plus)

- Den Backofen auf 190 °C vorheizen. Die Butter, den Zucker und den Vanillezucker so lange cremig rühren, bis die Masse weiß ist. Die Eier einzeln unter die Butter-Zucker-Masse rühren. Das nächste Ei immer erst dann zugeben, wenn das vorige völlig untergemischt ist.
- Die Hälfte der Bananen mit einer Gabel zerdrücken und zusammen mit dem Quark unter die Teigmasse rühren.
- Das Mehl sieben und mit dem Backpulver mischen. Die restlichen Bananen in dünne Scheiben schneiden. Mehl, Bananenscheiben und die Zerealien zum Teig geben und schnell darunter rühren.
- Eine Kastenform ausfetten und den Teig hineingeben. Den Kuchen etwa 50 Minuten backen.
- Zu diesem Kuchen passt sehr gut eine Vanillesoße oder Quark, der zusammen mit Vanillezucker und etwas Milch cremig gerührt wird. Der Kuchen kann in einer Springform oder auf einem Kuchenblech gebacken werden.

Register